PELGINES M.J. 94.

HISTOIRE
PHYSIQUE, CIVILE ET MORALE
DE PARIS.

ATLAS.

IMPRIMERIE D'AD. EVRAT ET COMP.
14 et 16, rue du Cadran.

HISTOIRE
PHYSIQUE, CIVILE ET MORALE
DE PARIS,

DEPUIS LES PREMIERS TEMPS HISTORIQUES JUSQU'A NOS JOURS,

CONTENANT, PAR ORDRE CHRONOLOGIQUE,

LA DESCRIPTION DES ACCROISSEMENTS SUCCESSIFS DE CETTE VILLE ET DE SES MONUMENTS ANCIENS ET MODERNES, LA NOTICE DE TOUTES SES INSTITUTIONS, TANT CIVILES QUE RELIGIEUSES, ET, A CHAQUE PÉRIODE, LE TABLEAU DES MOEURS, DES USAGES ET DES PROGRÈS DE LA CIVILISATION.

ORNÉE DE GRAVURES

REPRÉSENTANT DIVERS PLANS DE PARIS, SES MONUMENTS ET SES ÉDIFICES PRINCIPAUX.

PAR J.-A. DULAURE,
DE LA SOCIÉTÉ ROYALE DES ANTIQUAIRES.

SIXIÈME ÉDITION,
revue, corrigée et augmentée de notes et d'un appendice
Par J.-L. BELIN, Avocat.

Atlas.

PARIS,
FURNE ET Cie, LIBRAIRES-ÉDITEURS,
QUAI DES AUGUSTINS, N. 39.

1858.

INTRODUCTION.

On a cru devoir réunir en atlas les plans destinés à l'intelligence de l'Histoire de Paris, au lieu de les placer, comme dans les premières éditions, en tête des volumes. Cet Atlas offre au lecteur le double avantage de pouvoir mettre constamment sous ses yeux le plan qui se rapporte à la période dont il s'occupe, et de n'être pas obligé de recourir souvent aux divers volumes dont se compose cet ouvrage.

Le premier plan, PARIS SOUS LA DOMINATION ROMAINE, représente Paris alors contenu dans l'île de la Cité, les monuments et établissements situés au nord et au sud de cette ville, et les routes et chemins qui venaient y aboutir. Il facilite la lecture des événements arrivés depuis la fondation de cette cité jusqu'à la fin de la domination des Romains.

Le second plan, PARIS SOUS LE RÈGNE DE PHILIPPE-AUGUSTE, présente les agrandissements de cette ville depuis la fin de la domination des Romains jusqu'à l'année 1223. On y voit la trace de la seconde et de la troisième enceinte qui joignirent à l'île de la Cité une partie du territoire voisin, situé sur les deux rives de la Seine, et les premiers établissements civils et religieux fondés pendant cette période.

Le troisième plan, PARIS SOUS LE RÈGNE DE FRANÇOIS Ier, contient l'accroissement de la ville, les plus nombreuses rues tracées, et les bâtiments construits depuis la fin du règne de Philippe-Auguste jusqu'à la fin de celui de François Ier. On y trouve le mur de clôture élevé dans la partie septentrionale, et les diverses constructions faites hors de la ville, et qui formaient ses premiers faubourgs.

Le quatrième plan, PARIS SOUS LE RÈGNE DE LOUIS XIII, offre l'état de la ville à la fin de la domination de ce prince.

Le cinquième plan présente PARIS DANS SON ÉTAT ACTUEL. Pour lui donner toute l'utilité possible, on a joint à ce plan un tableau ou nomenclature, par ordre alphabétique, contenant toutes les *rues*, tous les *quais*, *boulevards*, *passages*, etc., etc., ainsi que tous les *établissements* (civils, religieux et militaires), *monuments* et *administrations* existant à Paris, avec des renvois au plan. A la suite de cette nomenclature on trouvera la composition du gouvernement, les attributions de chaque ministère, les administrations et établissements qui en dépendent, les jours d'audience des ministres, d'entrée dans les bureaux et dans tous les établissements publics, etc., etc.

Les personnes habituées à l'usage des cartes et des plans trouveront sans peine les rapports de celui-ci avec la nomenclature qui lui sert de développement, et le parti qu'on peut en tirer pour se diriger facilement vers tous les points de cette immense ville : c'est donc pour le petit nombre de lecteurs inexpérimentés que nous donnons l'instruction suivante.

Manière de se servir du Plan.

Ce plan est coupé par des lignes formant des colonnes verticales, et par des lignes formant des bandes horizontales, qui, en se croisant, divisent toute sa surface en petits carrés.

Les colonnes verticales sont indiquées, en haut et en bas du plan, par des lettres A, B, C, D, etc., et les bandes horizontales sont indiquées à leurs deux extrémités par des chiffres 1, 2, 3, 4, etc. Ces lettres et chiffres se rapportent à la colonne de la nomenclature ayant pour titre, *renvois au plan*, et servent à indiquer le carré où se trouvent situés la rue, le passage, la place, le monument, etc., qui les précèdent dans la colonne des noms.

Exemples. Pour trouver la rue Roquépine, suivie dans la nomenclature des lettre et chiffre F 3, il faut suivre la colonne F du plan jusqu'à sa rencontre avec la bande 3 ; et, dans le carré que forme leur intersection, on trouvera la rue cherchée.

L'église Sainte-Geneviève, portant l'indication K 9, se trouvera dans la bande horizontale 9, à sa rencontre avec la colonne verticale K.

Souvent le lieu cherché est coupé par les lignes tracées sur le plan, et se trouve ainsi dans plusieurs carrés, ce qui est indiqué dans la nomenclature par des doubles lettres ou des doubles chiffres.

Exemple. La rue de Ménilmontant est indiquée dans la nomenclature N 6, P 5, parce que l'une des extrémités se trouve sur le plan dans le carré N 6 et l'autre dans le carré P 5.

Les rues, places, passages, etc., dont le peu d'étendue n'a pas permis d'écrire les noms sur le plan, sont indiqués par des chiffres qui renvoient au tableau placé à l'angle inférieur gauche de ce plan.

ABRÉVIATIONS EMPLOYÉES DANS LA NOMENCLATURE.

Abb.	Abbaye.	Hôp.	Hôpital.
Ad.	Administration.	Hos.	Hospice.
Arr.	Arrondissement.	Imp.	Impasse.
Av.	Avenue.	Mar. *ou* march.	Marché.
Bar.	Barrière.	Pass.	Passage.
Boul.	Boulevard.	P.	Pont.
Car.	Carrefour.	P. la r.	Près la rue.
Ch.	Champ.	Pl.	Place.
Che.	Chemin.	Q.	Quai.
C. de r.	Chemin de ronde.	R.	Rue.
D.	De *ou* des.	S.	Saint *ou* sainte.
Égl.	Église.	Succ.	Succursale.
F.	Faubourg.	V. *ou* Voy.	Voyez.
Font.	Fontaine.	V. à v.	Vis-à-vis.

NOTA. Nous avons cru, pour abréger, ne pas devoir faire précéder les noms des rues du mot *rue*; ainsi donc, *Saint-André-des-Ars*, veut dire *rue Saint-André-des-Ars*; *de Richelieu*, veut dire *rue de Richelieu*, etc.

RUES, PLACES, PASSAGES, QUAIS, PONTS, etc.	Arrondiss.	TENANTS.	ABOUTISSANTS.	RENVOIS AU PLAN.	RUES, PLACES, PASSAGES, QUAIS, PONTS, etc.	Arrondiss.	TENANTS.	ABOUTISSANTS.	RENVOIS AU PLAN.
A.					Anastase (Neuve-Saint-).	8	des Prêt.-St.-Paul.	Saint-Paul.	M 8
					Anatomique (Musée).	11	École de Médecine.	École de Médecine.	I 8
Abatis (cuisson des).	10	du P. de la Triper.		D 6	Ancienne Comédie (de l').	10	Carref. de l'Odéon.	Carref. de Bussy.	I 8
Abattoir (de l').	3	Faub. St.-Denis.	Abattoir de Montmartre.	K 1-L 2	Ancre royale (passage de l').	6	Bourg-l'Abbé.	Saint-Martin.	L 5
					André (Saint-).	8	Folie-Regnault.	Barr. d'Aunay.	Q 6
Abattoirs *Voy.* à leurs noms.					André-des-Ars (place Saint-).	11	rue de ce nom.	Hautefeuille.	I 8
Abb.-aux-Bois (égl. de l'), succ.	10	de Sèvres.		G 8	André-des-Ars (Saint-).	11	de Bussy.	Pl. du P. St.-Mic.	I 8-K 8
Abbaye (fontaine de l').	10	d'Erfurt.	Childebert.	H 8	André-des-Ars (du Cim.-St-).	11	Place Saint-André-des-Ars.	de l'Éperon.	I 8
Abb. St-Martin (pass. de l').	6	Saint-Martin.	Royale.	L 5					
Abbaye (prison de l') pour les délits militaires.	10	Ste-Marguerite.		H 8	Anges (des Deux-).	10	Jacob.	Saint-Benoît.	H 7
					Angevilliers (d').	4	de l'Oratoire.	des Poulies.	I 6
Abbaye (de l').	10	de l'Échaudé.	St-Germ.-d.-Prés.	H 8	Anglade (de l').	2	Traversière.	de l'Évêque.	H 5
Aboukir (d'). *V.* Bourbon-Villeneuve.	5				Anglais (cul-de-sac des).	7	Beaubourg.	p. la rue du Maur.	L 6
					Anglais (des).	12	Galande.	des Noyers.	K 8
Acacias (Neuve des).	10	Plumet.	de Sèvres.	E 9	Anglaises (des).	12	de l'Oursine.	du Petit-Champ.	K 12
Acacias (petite rue des).	10	Boulev. des Inval.	Place de Breteuil.	E 9	Angoulême (place d').	6	des Fossés-du-Temple.		N 5
Académie de Paris.	11	à la Sorbonne.	de Sorbonne.	K 9					
Accouchement (hospice de l').	12	de la Bourbe.		I 12	Angoulême (d').	1	Aven. de Neuilly.	du F. du Roule.	D 4-E 3
Acrobate (spectacle).	6	Boulev. du Temple		N 5	Angoulême (d').	6	Boul. du Temple.	Folie-Méricourt.	N 5
Affaires étrang. (minist. des).	1	Boulev. des Capuc.		G 4	Anjou (quai d').	9	Saint-Louis.	Pont-M rie.	M 8
Aguesseau (marché d').	1	de la Madeleine.	Ch. du Rempart.	G 4	Anjou (d').	1	de la Pépinière.	du F. St-Honoré.	F 3-F 4
Aguesseau (pas. du march. d').	1	Boul. de la Madel.	de la Madeleine.	F 4-G 4	Anjou (d').	7	d'Orléans.	du Gr.-Chantier.	M 6
Aguesseau (d').	1	du F.-St.-Honoré.	de Surène.	F 4	Anjou (d').	10	Dauphine.	de Nevers.	I 7
Aigle (fontaine de l').	12	March. aux Chev.		M 11	Anne (Saint-).	2	Neuve-St-August.	de l'Anglade.	H 5-I 4
Aiguan (hôtel Saint-).	7	Sainte-Avoye.		L 6	Anne (passage Sainte-).	2	Sainte-Anne.	Passage Choiseul.	H 4
Aiguillerie (de l').	4	Pl. Ste.-Opportun.	Place Gastine.	K 6	Anne (Sainte-).	11	Quai des Orfèvres.	Cour de la Sainte-Chapelle.	K 7
Aluret (cour d').	12	des Sept-Voies.	p. la r. des Carm.	K 9					
Alençon (quai d'). *V.* Bourbon.					Antin (allée d').	1	Cours-la-Reine.	Avenue de Neuilly.	E 5
Alexandre (Saint-).	6	Encl. de la Trin.		L 5	Antin (fontaine d').	2	Port-Mahan.		H 4
Alger (d').	1	de Rivoli.	Saint-Honoré.	G 5	Antin (d').	2	Neuve-des-Petits-Champs.	Neuve-St-August.	H 4
Aligre (pass. de l'hôtel d').	4	de Bailleul.	Saint-Honoré.	I 6					
Aligre (d').	8	de Charenton.	Marché Beauveau.	O 9-P 6	Antin (cité d').	2	rue de Provence.		H 3
Allée (pass. de la longue).	8	du Ponceau.	Neuve.-St-Denis.	L 4	Antinoüs (fontaine d').	10	de Sèvres.	P. des Incurables.	F 9
Alouette (du Champ de l').	12	de l'Oursine.	Croulebarbe.	K 12	Antiquités (cabinet d'), à la Bibliothèque Royale.				I 5
Alpes (des) *V.* Beaujolais.	6					2	de Richelieu.		
Amandiers (barrière des).		Ménilmontant.		Q 6	Antoine (boulevard Saint-).	8	Pl. de la Bastille.	du Pont-aux-Ch.	N 6-N 7
Amandiers (ch. de ronde des).	8	Barr. des Amand.	Bar. de Ménilmont.	P 5-Q 5	Antoine (hôpital Saint-).	8	du F. St-Antoine.		P 9
Amandiers (des).	8	Barr. des Amand.	Popincourt.	O 6-Q 6	Antoine (pass. du faub. Saint-).	8	du F. St-Anto.ne.	de Montreuil.	Q 8
Amandiers (des).	12	des Sept-Voies.	de la M.-Ste.-Gen.	K 9	Antoine (pass. du Petit-Saint-).	7	Saint-Antoine.	du roi de Sicile.	M 7
Ambigu (théâtre de l').	8	Boulev. du Templ.		N 5	Antoine (Saint-).	9	Pl. de la Bastille.	Place Baudoyer.	L 7-N 8
Amboise (d').	2	Favart.	de Richelieu.	I 4	Antoine (du Faubourg-Saint-).	8	Pl. de la Bastille.	Barr. du Trône.	O 8-R 9
Amboise (cul-de-sac d').	12	Place Maubert.	vis-à-vis la rue de la Bûcherie.	K 9	Apothicaires (jardin des).	12	de l'Arbalète.		K 11
Ambroise (église de St-), succ.	8	de Popincourt.		O 6-P 6	Apolline (Sainte-).	6	Saint-Denis.		L 4
Ambroise (Saint-)	8	Saint-Maur.	Popincourt.	O 6	Apport-Paris (place de l').	7	p. celle du Châtel.		K 7
Amelot.	8	Saint-Sébastien.	Place St-Antoine.	N 7-N 8	Arbalète (de l').	12	des Charbonniers.	Mouffetard.	K 11
Amsterdam (d').	1	Saint-Lazare.	Place de Rivoli.	G 3	Arbre-Sec (de l').	4	Saint-Honoré.	Place de l'École.	I 6
Anastase (Saint-).	8	Thorigny.	Saint-Louis.	M 6-N 6	Arc-de-Triomphe.	1	Barr. de Neuilly.		B 5
					Arc-aux-Armées.	1	Pl. du Carrousel.		H 6

RUES, PLACES, PASSAGES, QUAIS, PONTS, etc.	Arrondiss.	TENANTS.	ABOUTISSANTS.	RENVOIS AU PLAN.	RUES, PLACES, PASSAGES, QUAIS, PONTS, etc.	Arrondiss.	TENANTS.	ABOUTISSANTS.	RENVOIS AU PLAN.
Arcade (de l').	1	de la Madeleine.	Saint-Lazare.	G 3-G 4	Audriettes (des).	9	Quai de la Grève.	de la Mortellerie.	L 7
Arche-Marion (de l').	4	Quai de la Mégiss.	St-Germ.-l'Aux.	K 7	Audriettes (Vieilles-).	7	du Chaume.	du Temple.	M 6
Arche-Pépin (de l').	4	St-Germ.-l'Aux.	la Seine.	K 7	Augustin (Neuve-Saint-).	2	d-Richelieu.	Boul. des Capuc.	H 4-I 4
Archest (passage de l').	7	des Arcis.	de la Tacherie.	K 7	Augustins (quai des).	11	Pont St-Michel.	Pont-Neuf.	I 7-K 7
Archevêché (bureaux de l').	9	Chanoinesse, 10.		L 8	Augustins (des Grands-).	11	St-André-des-Ars.	Quai des August.	I 7-I 8
Archevêché (quai de l').	9	Pont de la Cité.	Pont au Double.	K 8-L 8	Augustins (des Petits-).	10	Quai Malaquais.	du Colombier.	H 7
Archiépiscopal (palais).	9	Quai de l'archev.		L 8	Augustins (des Vieux-).	3	Montmartre.	Coquillière.	I 5-K 5
Archives (palais des).	7	Paradis.	du Chaume.	M 6	Aumaire (passage).	6	Billy.	Aumaire.	L 5
Arcis (quartier des).	7				Aumaire.	6	Saint-Martin.	Frépillon.	L 5
Arcis (des).	6	de la Verrerie.	St-Jac.-la-Bouch.	K 7	Aumont (cul-de-sac d').	9	de la Mortellerie.	près la rue Geof-froy-l'Asnier.	M 8
Arcole (passage de la rue d').	7	Beaujolais.	Neuve-des-Petits-Champs.	I 5	Aunay (barrière d').	8	Mont-Louis, etc.		Q 6
	2				Aunay (chemin de ronde d').	8	Barr. d'Aunay.	Barr. des Amand.	Q 6
Arcole (pont d').	9	Quai de la Cité.	Place de l'Hôtel-de-Ville.	L 7	Austerlitz (pl. d'). V. Museum.				
					Austerlitz (pont d'). V. Jardin du Roi.				
Arcole (d'). V. Beaujolais.					Austerlitz (quai d').	12	Barr. de la Gare.	Place Valhubert.	N 10 O 11
Arcole (d').	9	Pl. du Parvis N.-D	Quai de la Cité.	K 7 et 8	Austerlitz (d').	12	Barr. d'Ivry.	Boulev. de l'Hôp.	M 12
Arcueil (barrière d').	12	Bourg-la-Reine.	Sceaux, Verrière.	H 11	Austerlitz (d').	10	de Grenelle-St.-G.	Quai d'Orsay.	E 6
Argenson (cul-de-sac d').	7	Vieil. r. du Temp.	p. la rue du Roi de Sicile.	M 7	Austerlitz. V. Esplanade des Invalides.				
Argenteuil (cul-de-sac d').	1	Saint-Lazare.	p. la r. du Rocher.	G 3	Aval (d').	8	de la Roquette.	Amelot.	O 7
Argenteuil (d').	2	des Frondeurs.	Neuve-St-Roch.	H 5	Ave-Maria (caserne de l').	9	des Barres.		M 8
Ariane (place).	5	de la Gr. et Petite Truanderie.		K 6	Aveugles (hospice des).	8	de Charenton.		O 8
Arras (d').	12	Clopin.	Saint-Victor.	L 9	Aveugles (Institution royale des jeunes).	12	Saint-Victor.		L 9
Arsenal (avenue de l').	9	de Sully.	N.-d.-la-Cerisaie.	N 8	Aveugles (des). V. du Petit-Bourbon.				
Arsenal (bibliothèque de l'). V. de Monsieur.	9				Avignon (d').	6	Saint-Denis.	de la Savonnerie.	K 7
Arsenal (cour de l'). V. de Sully.	9			N 8	Avocat (cul-de-sac du Pré de l').	12	de la Santé.	pr. la rue Méchain.	I 11-K 11
Arsenal (quartier de l').	9				Avoine (cul-de-sac de Longue-).	12	du F. St-Jacques.	près la rue Leclerc.	H 12
Artillerie (dépôt central de l').	10	Pl. St-Thomas-d'Aquin.		G 7	Avoye (fontaine de Sainte-).	7	Sainte-Avoye.	en face la Synagogue mère.	L 6
Artillerie (musée d').	10	Idem.		G 7	Avoye (quartier Sainte-).	7			
Artistes (musée des).	11	de Sorbonne.		I 9	Avoye (Sainte).	7	Neuve-St-Merry.	des Vieilles-Audriettes.	L 6
Artois (d').	2	de Provence.	Boulev. des Ital.	I 3-I 4					
Arts-et-Métiers (conserv. des).	6	Saint-Martin.		L 5	B.				
Arts (pont des).	4	Palais du Louvre.	Palais des Beaux-Arts.	H 7-I 6	Babillards (cul-de-sac des).	3	Basse, P.-St-Den.	près le boulevard Bonne-Nouvelle.	L 4
Arts (des).	10	Encl. de la Trinité.		L 5	Babille.	4	de Viarmes.	des deux Écus.	I 6
Assas (fontaine). Projetée.	11	de Vaugirard.	d'Assas.	G 8-G 9	Babylone (caserne de).	10	de Babylone.		F 8
Assas (d').	11	du Cherche-Midi.	de Vaugirard.		Babylone (de).	10	Boulev. des Inval.	du Bac.	E 8-G 8
Astorg (d').	1	de la Vil-l'Évêq.	de la Pépinière.	F 3-F 4	Babylone (Neuve de).	10	Place Fontenoy.	Avenue de Villars.	D 8-E 8
Athénée des Arts.	4	de l'Oratoire.		I 6	Bac (du).	10	de Sèvres.	Pont Royal.	G 6-G 8
Athénée de Paris.	4	Louvois.		I 6	Bac (du Petit-).	10	Idem.	des Vieill. Tuiler.	G 8-G 9
Aubert (d').	5	Saint-Denis.	Sainte-Foi.	L 4	Bacchus (fontaine de).	12	Censier.		L 11
Aubry-le-Boucher.	6	Idem.	Saint-Martin.	K 6-L 6	Bagneux (de).	10	de Vaugirard.	du Pt-Vaugirard.	G 9
Audrejas (cul-de-sac).	12	Mouffetard.	pr. la rue Pierre-Lombard.	L 11					

RUES, PLACES, PASSAGES, QUAIS, PONTS, etc.	Arrondiss.	TENANTS.	ABOUTISSANTS.	RENVOIS AU PLAN.	RUES, PLACES, PASSAGES, QUAIS, PONTS, etc.	Arrondiss.	TENANTS.	ABOUTISSANTS.	RENVOIS AU PLAN.
Baillet.	4	de l'Arbre-Sec.	de la Monnaie.	I 6	Batave. *V.* Montpensier.				
Bailleul.	4	des Poulies.	de l'Arbre-Sec.	I 6	Batave. *V.* Valois.				
Baillif.	4	Croix-des-Petits-Champs.			Batavie (fontaine de).	5	Cour Batave.		K 6
Bailly.	6	Henri.	des Bons-Enfants.	I 6	Battoir (du).	11	de l'Éperon.	Hautefeuille.	I 8
Bains oléagineux.	10	du P. de la Triper.	Saint-Paxant.	L 5	Battoir (du).	12	Copeau.	Place du Puits de l'Ermite.	L 10
Ballets (des).	7	Saint-Antoine.	du Roi de Sicile.	M 7	Bavière (cour de) nom publ.	12	Bordet.		K 9
Banquier (du).	12	du Marché aux Chevaux.	Mouffetard.	L 12 M 12	Baville (de).	11	Cour du Harlay.	Cour Lamoign.	K 7
Banquier (du Petit-).	12	du Banquier.	Boul. de l'Hôpital.	L 12-M 12	Bayard.	10	Duguesclin.	Kléber.	C 8
Banque de France (quart. dela).	4	de la Vrillière.		I 5	Beaubourg.	5	Boul. Poissonnière.		K 4
Barbe (collège Sainte-).	12	des Postes.			Beauce (de).	7	Simon-le-Franc.	Mich.-le-Comte.	L 6
Barbe (Sainte-).	5	Beauregard.	Boul. B.-Nouvel.	K 10	Beauce (Saint-Jean de).	7	de la Corderie.	d'Anjou.	M 6
Barbette.	8	VIIe r. du Temple.	des 3 Pavillons.	K 4	Beaudin (cul-de-sac).	4	de la Gr.-Friperie.	de la Cordonner.	K 6
Barillerie (de la).	9	Pont au Change.	Pont St-Michel.	M 6-M 7	Beaudoyer (place).	1	Saint-Lazare.	p. la r. du Rocher.	G 8
Barnabites (cour des).	11	Pass. de ce nom.	près le Palais de Justice.	K 7	Beaudroyrie (cul-de-sac).	7	Marché-St-Jean.	p. la r. Beaubourg.	L 7
Barnabites (passage des).	9	Pl. du Pal. de Just.	de la Calandre.	K 7	Beaufort (cul-de-sac).	6	Pass. Beaufort.	p. la r. Salle-au-Comte	L 6
Barouillière.	10	de Sèvres.	du Pt-Vaugirard.	F 9	Beaufort (passage).	6	Quincampoix.	Cul-de-sac Beauf.	L 6
Barre-du-Bec.	7	de la Verrerie.	Saint-Merry.	L 6-L 7	Beaujolais (de).	6	de Bretagne.	Forez.	M 5-M 6
Barres (des).	9	Quai de la Grève.	Place Beaudoyer.	L 7	Beaujolais.	2	de Chartres.	de Valois.	H 6
Barrés (des).	9	Saint-Paul.	du Fauconnier.	M 8	Beaujon (chapelle de).	1	Montpensier.	de Valois.	I 5
Barrière des Gobelins (de la).	12	C. de r. de la Bar. d'Ivry.	Boul. de l'Hôpital.	M 12	Beaujon (hôpital).	1	F. du Roule.		D 3
Barrière Poissonnière (de la).	3	F. Saint-Denis.	Bar. Poissonnière.	L 1 et 12	Beaujon (jardin).	10	Aven. de Neuilly. Quai Voltaire.	de l'Université.	C 3 G 7-H 6
Barrière Saint-Denis (de la).	6	Lafayette.	Bar. Saint-Denis.	L 2-M 1	Beaune (de).	5	Poissonnière.	de Cléry.	K 4-L 4
Barthélemy.	10	Aven. de Breteuil.	Chem. de ronde.	E 9	Beauregard.	5	des Martyrs.	les Champs.	I 1-I 2
Basfour (cul-de-sac).	6	Saint-Denis.	près la rue Guérin-Boisseau.	L 5	Beauregard (ruelle de).	5	des Deux-Portes.	Montorgueil.	K 5
Basfroid (fontaine de).	8	de Charonne.	Bas-froid.	P 8	Beaurepaire.	8	Jean Beausire.	pr. le boul. Saint-Antoine.	N 7
Basfroid.	8	de la Roquette.	de Charonne.	P 7-P 8	Beausire (cul-de-sac Jean).	8	Saint-Antoine.	Boul. St-Antoine.	N 7
Basse-Porte-Saint-Denis.	1	Hauteville.	Porte Saint-Denis.	L 4	Beausire (Jean).	9	Neuve-St-Paul.	Saint-Antoine.	M 8-N 8
Bassins (barr. des). Fermée.	1			B 4	Beautreillis.	12	Saint-Hilaire.	des Noyers.	K 8-K 9
Bassins (chem. de ronde des).	3	Barr. des Bassins.	Barr. de Long-Champ.	B 4-B 5	Beauvais (Saint-Jean-de).	8	Marché Beauveau.		P 9
Bassins (des).	1	C. de r. de la Bar. de Neuilly.	Newton.	B C 4	Beauveau (fontaine). Beauveau (marché).	8	Daligre.		F 4
Bastille (cour de la).	9	près la place de ce nom.		N 8	Beauveau (place).	1	Saint-Honoré.		P 9
Bastille (c.-de-sac de la porte).	4	de l'Arbre-Sec.	pr. la r. des Fossés-Saint-Germ.	I 6	Beauvilliers (passage de).	8	Marché Beauveau.	de Charenton.	I 5
Bastille (place de la).	9	F. Saint-Antoine.		N 8	Beaux-Arts (École royale des).	2	Montpensier.	de Richelieu.	J 7
Batailles (carrefour des).	1	de Chaillot.	Av. des Batailles.	B 5	Beaux-Arts (palais des).	10	des Pet.-Augustins		H 7
Batailles (des).	1	Ruelle Sto-Marie.	de Long-Champ.	B 6	Beaux-Arts (des).	10	de Seine-Saint-G.	des Petits-August. chemin de ronde.	H 7 D 9
Batave (cour).	6	Saint-Denis.	Passe de Venise.	K 6	Bellard.	10	des Paillassons.	Romainville.	O 4
Batave (passage de la cour).	6	Idem.	Idem.	K 6	Belleville (Barrière de).	5	Pré St-Gervais.		
					Belleville (chemin de ronde de la barrière de).	5	Barr. de Belleville.	B. de la Chopin.	O 3
					Bel-Air (avenue du).	8	Avenue St-Mandé.	Pl. du Trône.	R 9-S 9

RUES, PLACES, PASSAGES, QUAIS, PONTS, etc.	Arrondiss.	TENANTS.	ABOUTISSANTS.	RENVOIS AU PLAN.	RUES, PLACES, PASSAGES, QUAIS, PONTS, etc.	Arrondiss.	TENANTS.	ABOUTISSANTS.	RENVOIS AU PLAN.
Belle-Chasse (Place de).	10	de Grenelle St-Germ.	St-Dominique St-Germ.	F 7	Bienfaisance (fontaine de la).	8	de Popincourt.		
Belle-Chasse (de).	10	Quai d'Orsay.	de Grenelle.	G 6-G 7	Bienfaisance (de la).	1	du Rocher.	les Champs.	F 3
Belle-Chasse (Neuve de).	10	Saint-Dominique.	de Grenelle.	F 7	Bièvre (pont de la).	12	Quai de l'Hôpital.		N 10
Bellefond (de).	2	du F. Poissonnière.	Rochechouard.	K 2	Bièvre (de).	12	des Gr.-Degrés.	Saint-Victor.	K 8-L 8
Bellièvre (de).	12	quai d'Austerlitz.	Bruant.	N 12-O 11	Bignon (quai), actuellement Saint-Michel.	11	Petit-Pont.	Pont St-Michel.	K 8
Benoît (carrefour Saint-).	10	Sainte-Marguerite.	Cour du Dragon.	H 8	Billard (passage du).	9	du Marché-Neuf.	de la Calandre.	K 7
Benoît (cloître Saint-).	11	des Mathurins.	Passage St-Benoît.	K 9	Billettes (des).	7	de la Verrerie.	Ste - Croix - de-la -Bretonnerie.	L 7
Benoît (cour Saint-).	8	des Charbonniers.	près la rue de l'Arbalète.	K 11	Billettes (temple des).	7	des Billettes.		L 7
Benoît (cul-de-sac Saint-).	7	de la Tacherie.	de la Coutellerie.	L 7	Biragues (fontaine).	8	Saint-Antoine.	v.-à-v. l'égl. St.-Paul et St.-Louis.	M 7
Benoît, place du Cloître-St-).	11	rue de ce nom.		K 9	Biragues (place de).	8	Saint-Antoine.		M 7
Benoît (passage Saint-).	11	du Cl St-Benoît.	de Sorbonne.	K 9		9			
Benoît (passage Saint-).	10	Saint-Benoît.	Place de l'Abbaye.	H 8	Biron (de).	12	du F. St-Jacques.	de la Santé.	I 12
Benoît (Saint-).	6	Royale.	Saint-Vanne.	I. 5	Bissy. V. Montfaucon.				
Benoît (Saint-).	10	Jacob.	Taranne.	H 7-H 8	Bizet (impasse).	1	Saint-Lazare.	p. la r. du Rocher.	G 3
Benoît (du Cloître-Saint-).	11	Pass. St-Benoît.	Pass. St-Benoît.	K 8-K 9	Bizet.	1	Quai de Billy.	de Chaillot.	C 5
Bercy (barrière de).	8	Bercy, Conflans.	Carrières.	P 11	Blanche (barrière).	2	Saint-Ouen.	Epinay, S.-Grat.	H 1
Bercy (chemin de ronde de).	8	Barr. de Bercy.	Barr. de Charent.	P 11-Q 11	Blanche (chemin de ronde de la barrière).	2	Barrière Blanche.	Barr. de Clichy.	H 1-G 1
Bercy (pont de).	12	Quai d'Austerlitz.	Quai de la Rapée.	O 11	Blanche.	2	Saint-Lazare.	Barrière Blanche.	H 1-H 2
Bercy (de).	8	Cont.-escarpe.	Barr. de Bercy.	N 9-P 11	Blanche de Castille. V. Saint-Louis.	9			
Bercy (de).	7	Marché St-Jean.	Vlle r. du Temp.	L 7	Blanchisseuses (cul-de-sac des).	1	des Blanchisseuses.	près la rue des Gourdes.	C 5
Bergère.	2	du F. Poissonnière.	du F. Montmart.	K 3-K 4	Blanchisseuses (des).	1	All. des Veuves.	de Chaillot.	C 5
Bernard (cul-de-sac Saint-).	8	Saint-Bernard.	p. la r. St-Antoin.	P 8	Blanchisseuses (ruelle des).	1	Quai de Billy.	Idem.	C 5
Bernard (fontaine Saint-).	12	des Foss.-St-Bern.		L 9	Blancs-Manteaux (église Notre-Dame des), succursale.	7	des Blancs-Mant.		L 6
Bernard (port Saint-).	12	Quai Saint-Bern.		M 9	Blancs-Manteaux (des), succursale.	7	des Blancs-Mant.	des Guillemites.	M 7
Bernard (quai Saint-).	12	Pont du Jardin du Roi.	des Foss. St.-Bern.	L 9-M 10	Blancs-Manteaux (font. des).	7	de Pontoise.	V. r. du Temple.	L 6-M 7
Bernard (Saint-).	8	du F. St-Antoine.	de Charonne.	P 8	Blancs-Manteaux (des).	7	Sainte-Avoye.	Quai de la Grève.	L 7
Bernardins (pass. du Cl. des).	12	Quai St-Bernard.	Saint-Victor.	L 9	Blé (port au).	9			I 6
Bernardins (des).	12	de la Tournelle.	des Bernardins.	K O-L 8	Blé (halle au).	4	de Viarmes.		
Berry (de).	7	de Poitou.	de Bretagne.	M 6	Bleu.	2	du F. Poissonnière.	Cadet.	K 3
Berry (neuve de).	1	du F. du Roule.	Av. de Neuilly.	D 5-D 4	Bœuf (cul-de-sac du).	7	Neuve-St-Médér.	p. la r. St-Avoye.	L 6
Berthaud (cul-de-sac).	7	Beaubourg.	pr. la r. d. Petits-Champs.	L 6	Bœufs (cul-de-sac des).	12	des Sept-Voies.	p. la r. des Carmes.	K 9
Bertin-Poirée.	4	St-G.-l'Auxerrois.	des Bourdonnais.	K 6-K 7	Bois-de-Boulogne (pass. du).	5	Neuv.-d'Orléans.	du F. St-Denis.	L 4
Béthune (quai de).	6	Blanche-de-Cast.	Pont de la Tourn.	L 8-M 8	Bon (Saint-).	7	Jean-Pain-Mollet.	de la Verrerie.	L 7
Bétizy (carrefour de).	4	des Bourdonnais.	Bétizy.	K 6	Bon-Puits (cul-de-sac du).	12	Traversière.	p. la rue. du Bon-Puits.	L 9
Bétizy.	4	du Roule.	des Bourdonnais.	K 6	Bondy (de).	5	du F. du Temple.	Porte St-Martin.	L 4-M 4
Beurre (marché au)	4	des Piliers.		K 6	Bonne-Graine (impasse de la).	8	F. Saint-Antoine.		O 8
Beurrière.	11	du Vieux - Colombier.	du Four-St-Germ.	H 8	Bonne-Nouvelle (boulevard).	3 5	Saint-Denis.	Poissonnière.	K 4-L 4
Bibliothèque (de la).	4	Saint-Honoré.	Pl. de l'Oratoire.	I 6	Bonne-Nouvelle (église Notre-Dame de), succursale.	5	N.-Bonne-Nouv.	de la Lune.	K 4
Bicêtre (prison et hospice de) pour les hommes condamnés, fous, pauvres.		Extra muros			Bonne-Nouvelle (quartier).	5			
Biches (pont aux).	12	du Pt-aux-Biches.		L 11					

RUES, PLACES, PASSAGES, QUAIS, PONTS, etc.	Arrondiss.	TENANTS.	ABOUTISSANTS.	RENVOIS AU PLAN.
Bonne-Nouvelle (Neuve de).	2	Beauregard.	Boul. B.-Nouv.	I 5
Bons-Enfants (passage des).		N.-Bons-Enfants.	de Valois.	
Bons-Enfants (des).	2	Saint-Honoré.	N. des P.-Champs.	I 5
Bons-Enfants (passage de la rue des).	2	des Bons-Enfans.	de Valois.	I 5
Borda.	6	Montgolfier.	de la Croix.	M 5
Bordet (carrefour de la porte).	12	Descartes.	Mouffetard.	K 9
Bordet. V. Descartes.				
Bornes (des Trois).	6	Folie-Méricourt.	Saint-Maur.	O 5
Bossuet.	9	Chanoinesse.	Pont de la Cité.	L 8
Boucher.	4	de la Monnaie.	Thibautodé.	I 6-K 6
Boucherat (fontaine).	6	Boucherat.	Charlot.	N 5
Boucherat.	6	des Filles-du-Calvaire.	Charlot.	N 5-N 6
Boucherie des Inval. (de la).	10	Quai d'Orsay.	Saint-Dominique.	E 6
Boucheries (pass. des Petites-).	10	Neuve de l'Abb.	Sainte-Marguerite.	H 8
Boucheries (marché de).	10	des Fossés-Saint-Germain.	Ste-Marguerite.	H 8-I 8
Boucheries. (des).	2	Saint-Honoré.	de Richelieu.	H 5
Bouclerie (de la Vieille-).	11	de la Huchette.	de la Harpe.	K 8
Boudreau.	1	Caumartin.	de Trudon.	G 4
Boufflers (avenue de).	10	Av. de Tourville.	Pl. de Fontenoy.	D 8
Boulainvilliers (marché de).	10	du Bac.		G 7
Boulainvilliers (passage du marché).	10	du Bac.	de Beaune.	G 7
Boulangerie génér. des Hôpit.	12	du Fer-à-Moulin.	Saint-Victor.	L 11
Boulangers (des).	12	des Foss.-St-Vict.		L 9
Boule-Blanche (pass. de la).	8	de Charenton.	du F. St-Antoine.	O 8
Boule-Rouge (pass. de la).	3	du F. Montmartre.	Richer.	I 3-K 3
Boule-Rouge (de la).	3	Idem.	Idem.	I 3
Boules (des Deux-).	4	Bertin-Poirée.	des Lavandières.	K 6
Boulets (des).	8	de Charonne.	de Montreuil.	Q 7-Q 8
Bouloy (du).	4	Croix-des-Petits-Champs.	Coquillière.	I 5
Bouquet de Longchamps.	1	de Longchamps.	Ch. de ronde de la barr. des Bassins.	B 5
Bouquet de Longchamps (du).	1	de Longchamps.	de la Croix Boissière.	B 5
Bourbe (de la).	12	d'Enfer.	du F. St-Jacques.	I 11
Bourbon (collège).	1	Neuve-Ste-Croix.		G 5
Bourbon (place du Palais-).	10	de Bourgogne.		F 6
Bourbon (quai).	9	Saint-Louis.	Pont-Marie.	L 8
Bourbon (de).	10	des Sts-Pères.	de Bourgogne.	F 6-H 7
Bourbon (le Château).	4	Cour Abbatiale.	de Bussy.	H 8
Bourbon du Petit-).	11	Place St-Sulpice.	de Tournon.	H 8
Bourbon-Villeneuve.	5	Saint-Denis.	du Petit-Carreau.	K 4-L 4
Bourdaloue (de).	2	Olivier.	Saint-Lazare.	I 3
Bourdon (boulevard).	9	Quai Morland.	Saint-Antoine.	N 8-N 9
Bourdonnaie (avenue de la).	10	de l'Université.	Avenue de la Motte-Piquet.	C 6-D 7
Bourdonnaie (de la).	10	Av. de Lowendal.	Av. de Tourville.	D 8
Bourdonnais (cul-de-sac des).	4	des Bourdonnais.	de la Limace.	K 6
Bourdonnais (passage du cul-de-sac des).	4	cul de-sacdes Bourdonnais.	Tirechape.	K 6
Bourdonais (des).	4	Bétizy.	Saint-Honoré.	K 6
Bourgeois (des Francs-).	11	de Vaugirard.	Place St-Michel.	I 9
Bourgeois (des Francs-).	7	Vieille rue du Temple.	Payenne.	M 7
Bourgeois (des Francs-).	12	des Fossés-St-Marc.	Pl. de la Collég.	L 12
Bourg-l'Abbé.	6	aux Ours.	Grenetat.	L 5
Bourg-l'Abbé (Neuve).	6	Saint-Martin.	Bourg-l'Abbé.	L 5
Bourgogne (de).	10	Quai d'Orsay.	de Varennes.	F 6-F 7
Bourguignons (des).	12	Ch. des Capucins.	de Lourcine.	I 11-K 11
Bourse (palais de la).	2	Saint-Thomas.	N.-D. des Victoir.	I 4
Bourse (de la).	2	Pal. de la Bourse.	de Richelieu.	I 4
Bourtibourg.	7	Sainte-Croix de la Bretonnerie.	Marché St-Jean.	L 7
Boutebrie.	11	de la Parcheminerie.	du Foin.	K 8
Bouteille (cul-de-sac de la).	3	Montorgueil.	pr. la rue Tiquet.	K 5
Bouton (ruelle de Jean).	8	de Charenton.	des Charbonn.	O 9-P 9
Bouvart (cul-de-sac).	12	Saint-Hilaire.	vis-à-vis la rue d'Écosse.	K 9
Boyauterie (barrière de la).	5	Réceptacle des immondices.		N 2
Boyauterie (chemin de ronde de barrière de la).	5	Barr. de la Boyaut.	Barr. de Pantin.	N 1-N 2
Boyauterie (de la). V. de la butte Chaumont.				N 2
Brady (passage).	5	F. Saint-Martin.	F. St-Denis.	L 4
Braque (de).	7	Sainte-Avoye.	du Chaume.	L 6-M 6
Brasserie (cul-de-sac de la).	2	Traversière.	près de la rue l'Anglade.	H 5
Brave (du). V. rue de Seine.				I 8
Bréda.	2	N.-D. de Lorette.	c. de r. de la barr. des Martyrs.	I 2
Bréda (Neuve).	2	des Martyrs.	Bréda.	I 2
Bretagne (de).	6	de Beauce.	d. Filles-du-Calv.	M 6-N 6
Bretagne (Neuve de).	8	Boul. des Filles-du-Calvaire.	d. Filles-du-Calv.	N 6
Breteuil (avenue de).	10	Place Vauban.	de Sèvres.	E 8-E 9
Breteuil (place de).	10	près les Invalides.		E 9
Breteuil (de).	6	Royale.	March. St-Martin.	L 5
Breton (passage du).	2	Montpensier.	Richelieu.	I 5

RUES, PLACES, PASSAGES, QUAIS, PONTS, etc.	Arrondiss.	TENANTS.	ABOUTISSANTS.	RENVOIS AU PLAN.	RUES, PLACES, PASSAGES, QUAIS, PONTS, etc.	Arrondiss.	TENANTS.	ABOUTISSANTS.	RENVOIS AU PLAN.
Bretonnerie (Ste-Croix de la).	7	Sainte-Avoye.	Vlle r. du Temple.	L 6-M 7	Cambrai (place de).	12	Saint-Jacques.	v.-à-v. St-Benoît.	K 9
Bretonvilliers.	9	Saint-Louis.	Quai de Béthune.	M 8	Campagne première.	11	Boul. d'Enfer.	B. du Mont-Parna.	H 11
Briare (cul-de-sac).	2	de Rochechouard.	pr. la r. Coquenard.	K 2	Campement et équip. militaires (administrat. centrale).				
Brisemiche.	7	du Cl.-St-Merry.	Neuve-St-Merry.	L 6		10	de Vaugirard.		F 9
Brodeurs (des).	10	de Babylone.	de Sèvres.	F 8-F 9	Canal de l'Ourcq (pompe du).	5	Barr. de la Villet.		N 1
Bûcherie (de la).	12	du Petit-Pont.	Place Maubert.	K 8	Canal Saint-Martin (du).	5	Quai de Valmy.	F. Saint-Martin.	N 2
Buffault (de).	2	du F. Montmartre.	Coquenard.	I 3	Canettes (des).	11	Place St-Sulpice.	du Four.	H 8
Buffon (de).	12	Boul. de l'Hôpital.	du Jard. du Roi.	L 10-M 10	Canettes (des Trois).	9	de la Licorne.	Parvis N.-Dame.	K 8.
Buisson-Saint-Louis.	5	Saint-Maur.	Barr. de la Chop.	O 3-O 4	Canivet (du).	11	Férou.	Servandoni.	H 8
Bureau A de la Poste aux lettr.	4	Lenoir-St-Honoré.		K 6	Capucines (boulevard des).	1	N.-des-Capucines.	de la pl. Vendôme.	G 4-H 4
B.	7	des Ballets-St-Ant.		M 7	Capucins (fontaine des).	1	v.-à-v. la Pl. Vend.	Saint-Honoré.	G 5
C.	7	du Gr.-Chantier.		M 6	Capucins (Pl. du Champ des).	12	de la Santé.	du F. St-Jacques.	I 11
D.	5	Beauregard.		K 4-L 4	Capucins (des).	12	du F. St-Jacques.	Champ-des-Cap.	I 11
E.	1	Duphot.		G 4	Capucines (Neuve-des-).	1	B. de la Madeleine.	de la Paix.	G 4
F.	10	de Verneuil.		H 7	Cardinale.	10	N.-de-l'Abbaye.	de Furstemberg.	H 8
G.	11	de Condé, F. St-G.		I 8	Carême-Prenant.	5	du F. du Temple.	de l'Hospice-Saint-Louis.	N 3-N 4
H.		Place St-Sulpice.		H 8					
Bussy (carrefour de).	10	de Bussy.	Dauphine.	I 8	Cargaisons (cul-de-sac des).	9	des Cargaisons.	près la rue de la Calandre.	K 8
Bussy (de).	10	Mazarine.	Ste-Marguerite.	H 8-I 8					
Buttes (des).	8	de Reuilly.	Piepus.	Q 10-R 9	Cargaisons (des).	9	Marché-Neuf.	de la Calandre.	K 7-K 8
Buvette (ruelle de la).	1	Allée des Veuves.	les Jardins.	D 4-D 5	Carmélites (caserne des).	10	de Grenelle.		F 7
					Carmélites (cul-de-sac des).	12	Saint-Jacques.	pr. le Val-de-Gra.	L 10
C.					Carmélites (fontaine des).	12	du F. St-Jacques.	Idem.	
					Carmes (carrefour des).	12	Saint-Victor.	Place Maubert.	K 9
Cadastre de France.		de Cléry.		K 4	Carmes (église des).	11	de Vaugirard.		H 9
Cadet.	2	Bleu.	du F. Montmartre.	I 3-K 3	Carmes (marché des).	12	M-Ste-Geneviève.	des Noyers.	K 9
Cadran (du).	5	du Petit-Carreau.	Montinartre.	K 5	Carmes (des).	12	des Noyers.	Saint-Hilaire.	K 8-K 9
Café de Foi (passage du).	2	Montpensier.	Richelieu.	I 5	Caron.	8	March. Ste-Cather.	de Jarente.	M 7
Café de Malte (passage du).	5	Saint-Martin.	Boul. St-Martin.	L 4	Carpentier.	11	Cassette.	du Gindre.	H 8
Café du Parnasse (passage du).	4	des Prés-Saint-Germain-l'Auxerrois.	Quai de l'Ecole.	I 6-I 7	Carreau (du Petit-).	5	du Cadran.	de Cléry.	K 5
Caffarelli.	6	de Bretagne.	Place de la rotonde du Temple.	M 5	Carrières (des).	5	les Champs.	Carr. des Batail.	B 5
					Carrousel (place du).	1	v.-à-v. les Tuiler.		H 6
Caillou (pompe du Gros-).	10	Quai d'Orsay.		D 6	Carrousel (du)	1	Place du Carrousel.	Place du Muséum.	H 6
Caire (passage du).	5	Saint-Denis.	Place du Caire.	K 4-L 5	Cascade (fontaine de la).	1	Boul. St-Martin.	Samson.	M 4
Caire (passage du).	5	des Filles-Dieu.	Idem.	K 4	Cassette.	11	de Vaugirard.	du V.-Colombier.	H 8-H 9
Caire (place du).	5	Bourbon-Villen.	Idem.	K 4	Cassini (cul-de-sac).	11	Cassini.	v.-à-v. le n. 4.	H 11
Caire (du).	5	Saint-Denis.		K 4-L 5	Cassini.	12	du F. St-Jacques.	cul-de-sac de l'Observatoire.	H 11-I 11
Caisse des dépôts et consignat.	4	de l'Or.-toire.		I 6					
Caisse de Poissy.	5	du Grand-Chant.	n. 25.	M 6	Castex.	9	de la Cerisaie.	Saint-Antoine.	N 8
Caisse syndic. des boulangers.	5	Idem.	n. 19.	K 4	Castiglione (de).	1	de Rivoli.	Saint-Honoré.	G 5
Calandre (de la).	9	du Marché-Palu.	de la Barillerie.	K 4-K 8	Catacombes.	12	Barrière d'Enfer.		H 12
Calvaire (boul. des Filles du).	8	du P.-aux-Choux.	d. Fill.-du-Calv.	N 6	Catacombes (dép. des cartes.)	12	d'Enfer.		I 11
	6				Catherine (cour Sainte-).		Saint-Denis.	vis-vis la rue du Ponceau.	L 5
Calvaire (car. des Filles du).	8	des Fill.-du-Calv.	Boul. du Temple.	N 6					
					Catherine (cul-de-sac Sainte-).	5	Saint-Denis.	Idem.	L 5
Calvaire (des Filles du).	6	Saint-Louis.	Boul. du Temple.	N 6	Catherine (fontaine Sainte-).	8	Cul-de-Sac de la Poissonnerie.		M 7
	8								

RUES, PLACES, PASSAGES, QUAIS, PONTS, etc.	Arrondiss.	TENANTS.	ABOUTISSANTS.	RENVOIS AU PLAN.	RUES, PLACES, PASSAGES, QUAIS, PONTS, etc.	Arrondiss.	TENANTS.	ABOUTISSANTS.	RENVOIS AU PLAN.
Catherine (marché Sainte-).	8	d'Ormesson.		M 7	Chanoinesse.	9	de la Colombe.	Bossuet.	L 8
Catherine (Culture-Sainte-).	7 8	Saint-Antoine.	du Parc-Royal.	M 7	Chantereine.	2	de la Ch.-d'Antin.	du F. Montmartre.	H 3-I 3
Catherine (Sainte-).	11	St-Dominique.	Saint-Thomas.		Chantier (du Grand-).	7	Vieilles-Audriettes.	Pastourelle.	M 6
Catherine (Neuve-Sainte-).	8	Payenne.	Saint-Louis.	I 9	Chantre (du).	4	Saint-Honoré.	Pl. de l'Oratoire.	I 6
Caumartin.	1	Basse-du-Rempart.	N.-des-Mathurins.	M 7-N 7	Chantres (des).	9	Basse-des-Ursins.	Chanoinesse.	L 8
Célestins (caserne des).	9	du Petit-Musc.	M 8-N 8	G 3-G 4	Chanyrerie (de la).	5	Saint-Denis.	Mondetour.	K 6
Célestins (quai des).	9	P. de Grammont.	Saint-Paul.	M 8	Chapelle (de la).	5	Château-Laudon.	Chem. de ronde de la barr. Verte.	M 1-M 2
Cendrier (cul-de-sac du).	1	Pass. du Cendrier.	près la rue Basse-du-Rempart.	H 4	Chapelle (cour de la Sainte-).	11	de la Barillerie.	Palais de Justice.	K 7
Cendrier (passage du).	1	Basse-du-Rempart.	N.-des-Mathurins.	H 3-H 4	Chapelle (église de la Sainte-).	11	Cour de la Sainte-Chapelle.		K 7
Cendrier (du).	12	des Foss.-St-Marc.	du Marché-aux-Chevaux.	L 11	Chapon.	7	du Temple.	Transnonnain.	L 5-M 6
Censier.	12	Mouffetard.	du Jardin-du-Roi.	L 10-L 11	Charbonniers (cul-de-sac des).	8	des Charbonniers.	près la rue de Charenton.	O 9
Cerf (passage du Grand-).	6	du Ponceau.	Saint-Denis.	L 5	Charbonniers (des).	8	de Charenton.	de Bercy.	O 9-O 10
Cerf (pass. de l'ancien Grand-).	5	Saint-Denis.	des Deux-Portes.	K 5	Charbonniers (des).	8	des Bourguignons.	des Lyonnais.	K 11
Cerisaie (de la).	9	Cour des Salpêt.	du Petit-Musc.	N 8	Charenton (barrière de).	8	Charenton.		Q 11
Cerisaie (Neuve de la).	9	Boulev. Bourdon.	Lesdiguières.	N 8	Charenton (de).	8	Place St-Antoine.	B. de Charenton.	Q 8-Q 11
Cérutti. *Voyez* d'Artois.					Chariot-d'Or (passage du).	6	Grenetat.	du Grand-Hurleur.	L 5
Chabannais.	2	N.-d.-P.-Champs.	Sainte-Anne.	I 5	Charité (hôpital de la).	10	des Saints-Pères.		H 7
Chabrol (de).	3	Faub. Poissonnière.	L 2 et 5		Charité (fontaine de la).	10	Taranne.	pr. la r. des Saints-Pères.	H 7
Chabrol (Neuve).	5	Faub. St-Martin.	F. Saint-Denis.	M 3	Charité (de la).	5	Saint-Laurent.	Pl. de la Fidélité.	M 3
Chaillot (pompe de).	1	Quai de Billy.		C 5	Charlot.	6	de Bretagne.	Boul. du Temple.	M 6-N 5
Chaillot (de).	1	de Longchamp.	Avenue de Neuilly.	B 5-C 4	Charlemagne (collège).	9	Saint-Antoine.		M 7
Chaise (passage de la Petite-).	7	Planche-Mibray.	St.-Jacques-de-la-Boucherie.	K 7	Charles (cité Saint-).	10	de l'Université.		E 6
Chaise (de la).	10	de Sèvres.	de Grenelle-St-G.	G 8	Charles (pont Saint-).	9	dans l'Hôtel-Dieu.		K 8
Chamont.	11	B. Mont-Parnasse.	N. D. des Champs.	H 10	Charnier-des-Innoc. (pass. du).	4	de la Lingerie.	Saint-Denis.	K 6
Champ-de-Mars.	10	v.-à-v. l'Éc. Milit.		C 7	Charonne (de).	8	Barr. Fontarabie.	du F. St-Antoine.	O 8-R 7
Champ (du Petit-).	12	du Champ-de-l'A-louette.	de la Glacière.	K 12	Charost (passage de l'hôtel).	3	des Vieux-August.	Montmartre.	K 5
Champs (Croix-des-Petits-).	3 4	Saint-Honoré.	Place des Victoires.	I 5-I 6	Chartière.	12	du M. St-Hilaire.		K 9
Champs-Élysées (avenue des).	1	Place Louis XV.	Étoile des Champs-Élysées.	E 4-F 5	Chartres (barrière de).	1	Parc de Monceaux.		D 2
Champs-Élysées (prom. des).	1	Place Louis XV.	*Idem.*	E 5-F 5	Chartres (de).	5	Pl. du Carrousel.	Pl. du Pal.-Royal.	H 6
Champs-Élysées (quartier des).	1				Chartres (de).	1	de Monceaux.	Carr. de Courcel.	D 2-D 3
Champs (des).	1	de Longchamp.	de Lubeck.	B 5	Chartreux (passage des).	3	de la Tonnellerie.	Trainée.	K 6
Champs (Neuve-des-Petits-).	2 3	Neuve-des-Bons-Enfants.	de la Paix.	H 4-J 5	Chat-Blanc (cul-de-sac du).	6	St-Jacques-de-la-Boucherie.	pr. la r. St-Denis.	K 7
Champs (des Petits-).	3	Beaubourg.	Saint-Martin.	L 6	Château-d'Eau (fontaine du).	1	Pl. du Pal.-Royal.		I 5
Chandeliers (ruelle des Trois-).	8	des Quatre-Chem.	Montgallet.	Q 10-Q 11	Château-Frileux. *V.* Frileuse.				
Chandeliers (des Trois-).	11	de la Huchette.	Quai Saint-Michel.	K 8	Château-Landon (de).	5	du F. St-Martin.	Barr. des Vertus.	M 2-N 1
					Chat qui Pêche (du).	11	de la Huchette.	Quai St-Michel.	K 8
Change (pont au).	4 7 9 11	Place du Châtelet.	de la Barillerie.	K 7	Châtelet (place du).	4 7	p. le P. au Change.		K 7
					Châtillon.	5	C. de r. de la barr. de la Chopinette.	de l'hôp. St-Louis.	N Q 3

RUES, PLACES, PASSAGES, QUAIS, PONTS, etc.	Arrondiss.	TENANTS.	ABOUTISSANTS.	RENVOIS AU PLAN.	RUES, PLACES, PASSAGES, QUAIS, PONTS, etc.	Arrondiss.	TENANTS.	ABOUTISSANTS.	RENVOIS AU PLAN.
Chauchat.	2	de Provence.	Chantereine.	I 3	Choiseul.	2	Idem.	N.-St-Augustin.	H 4
Chaudron (fontaine du).	6	du Chemin-de-Pantin.		N 1	Cholets (cour des).	12	des Cholets.	pr. la r. St-Étienne-des-Grès.	K 9
Chaudron (du).	5	Château-Landon.	du F. St-Martin.	N 1	Cholets (passage des).	12	des Cholets.	Saint-Jacques.	K 9
Chaume (du).	7	des Blancs-Mant.	de Braque.	L 6-M 6	Cholets (des).	12	Saint-Étienne-des-Grès.	de Reims.	K 9
Chaumière (jardin de la).	11	Boulevart du Mont-Parnasse.		H 10	Chopinette (barrière de la).	5	Butte Chaumont.		O 3
Chaumont (cour des Dam. St-).	6	Saint-Denis.	du Ponceau.	L 4	Chopinette (chemin de ronde de la barrière de la).	5	Barrière de la Chopinette.	Barr. du Combat.	O 2-O 3
Chaumont (pass. des Dam. St-).	6	Saint-Denis.	Idem.	L 5	Chopinette (de la).	5	Saint-Maure.	Barr. de la Chop.	N 3-O 3
Chaumont (de la butte).	6	du F. St-Martin.	Barr. du Combat.	N 2	Christine.	11	des Gr.-Augustins.	Dauphine.	I 7
Chauss.-d'Antin (quart. de la).	2				Christophe (Saint-).	9	Pl. du Parv. N.-D.	de la Juiverie.	K 8
Chaussée-d'Antin (de la).	1 2	Saint-Lazare.	Boul. des Capuc.	H 3-H 4	Chute-d'Eau (fontaine de la).	11	Pl. de l'École-de-Médecine.		I 8
Chaussée-des-Minimes (de la).	8	Place Royale.	Neuve-St-Gilles.	N 7	Cirque (passage du).	1	Saint-Honoré.	du Mont-Thabor.	G 5
Chemin de fer de Paris à Saint-Germain.	1	Place de l'Europe.		F1-G2et3	Ciseaux (des).	10	Sainte-Marguerite.	du Four.	H 8
Chemin de Versailles (du).	1	Barr. des Bassins.	Avenue de Neuilly.	B G 4	Cité (île de la). V. du Palais.	9			I 7-L 8
Chemin-de-Lagny (du).	8	des Ormeaux.	du F. St-Antoine.	R 9	Cité (pont de la).	9	Saint-Louis.	Bossuet.	L 8
Chemin-de-Pantin (du).	5	Barrière de Pantin.	du F. St-Martin.	N 1	Cité (quai de la).	9	Pont Notre-Dame.	Pont de la Cité.	K 7-L 8
Chemin-Vert (du).	8	Popincourt.	Boul. St-Antoine.	N 7-O 6	Cité (quartier de la).	9			
Chemin-de-la-Voirie (du).	5	de la Chapelle.	du Chât.-Landon.	M 1	Cité (passage du théâtre de la).	9	Quai Desaix.	de la V.-Draperie.	K 7
Chemin (ruelle des Quatre-).	8	de Marengo.	de Reuilly.	Q 10-Q 11	Cité (passage de la).	9	de la Barillerie.	Idem.	K 7
Cheminées (carr. des Quatre-).	2	d'Anglade.	Sainte-Anne.	H 5	Cité (de la).	9	Petit-Pont.	Quart. de la Cité et Desaix.	K 7 8
Cherche-Midi (du).	11 10	B. du Mont-Parn.	Place de la Croix-Rouge.	G8et9-F9	Clairvaux (cul-de-sac).	7	Saint-Martin.	près la place de la Réunion.	L 6
Cheval-Vert (du) V. rue des Irlandais.					Clamart (cimetière de).	12	des Fos.-St-Marcel.		L 11
Cheval.-du-Guet (impasse du).	4	du Chev.-du-Guet.	pr. la r. St-Denis.	K 7	Clamart (carr. de la croix de).	12	du Jardin du Roi.	Fer-à-Moulin.	L 11
Chevalier-du-Guet (place du).	4	rue de ce nom.		K 7	Claude (cul-de-sac Saint-).	3	Montmartre.	vis-à-vis la rue du Cadran.	K 5
Chevalier-du-Guet (du).	4	des Lavandières.	Pl. du Chevalier-du-Guet.	K 6-K 7	Claude (cul-de-sac Saint-).	8	Saint-Claude.	pr. la r. St-Louis.	N 6
Chevaux (avenue du marché aux).	12	du M. aux Chev.	Barr. de l'Hôpital.		Claude (cul-de-sac Saint-). V. rue Lacuée.	8			N 9
Chevaux (imp. du marché aux).	12	du marché aux chevaux.	près la rue du Cendrier.	L 11	Claude (Saint-).	5	de Cléry.	Sainte-Foy.	L 4
Chevaux (marché aux).	12	Boul. de l'Hôpital.		M 11	Claude (Saint-).	5	Saint-Louis.	Boul. St-Antoine.	N 6
Chevaux (du marché aux).	12	Poliveau.	Boul. de l'Hôpital.	L11-M12	Clef (de la).	12	Copeau.	d'Orléans.	L 11
Chevert (de).	10	Boul. de la Tour-Maubourg.	Av. de Tourville.	D 8-E 7	Clément.	11	Mabillon.	de Seine.	H 8
Chevert (petite rue de).	10	de Chevert.	Av. de la Motte-Piquet.	D 7	Cléry (de).	3 5	Montmartre.	Porte Saint-Denis.	K 5-L 4
Chevet de l'église (du).	5	de la b. Poissonn.	F. Poissonnière.	L 2	Clichy (barrière de).	2	Clichy, Asnières.	Argenteuil.	G 1
Chevreuse (de).	11	Boulev. Mont-Parnasse.	Notre-Dame-des-Champs.	H 10	Clichy (chemin de ronde de la barrière de).	1	Barrière de Clichy.	B. de Mouceaux.	F 1-G 1
Childebert.	10	Sainte-Marguerite.	Sainte-Marthe.	H 8	Clichy (de).	1 2	Saint-Lazare.	Barrière de Clichy.	G 1-H 3
Chilpéric.	4	de l'Arbre-Sec.	Place St-Germain-l'Auxerrois.	I 6	Clinique interne (hospice de).	10	des Saints-Pères.		H 7
Chinois (Bains-).	2	Boul. des Italiens.		H 4	Clinique de la Faculté de médecine (hospice).	11	de l'Observance.		I 8

RUES, PLACES, PASSAGES, QUAIS, PONTS, etc.	Arrondiss.	TENANTS.	ABOUTISSANTS.	RENVOIS AU PLAN.	RUES, PLACES, PASSAGES, QUAIS, PONTS, etc.	Arrondiss.	TENANTS.	ABOUTISSANTS.	RENVOIS AU PLAN.
Cloche-Perche.	7	Saint-Antoine.	du Roi de Sicile.	M 7	Commerce (passage du).	11	St-André-des-Arts.	de l'Ecole-de-Médecine.	I 8
Clopin (impasse).	12	Descartes.	vis-à-vis la rue des Prêtres.	K 9	Commerce (cour du).	6	des Ecrivains.	du Petit-Crucifix.	K 7
Clopin (impasse).	12	d'Arras.	vis-à-vis la rue Clopin.	L 9	Commerce (cour du).	6	Phélippeaux.	près la rue des Vertus.	M 5
Clopin.	12	des Fos.-St-Victor.	Bordet.	K 9-L 9	Commerce (passage du).	6	Frépillon.	Phélippeaux.	M 5
Clos-George (du).	2	Traversière.	Sainte-Anne.	H 5	Commerce (pass de la Cour du).	11	St-André-des-Arts.	de l'Ecole-de-Médecine.	I 8
Clos-Payen (passage du).	12	du Petit-Champ.	Bar. des Gobelins.	K 12-K 13	Commerce (passage de la Cour de).	6	Saint-Jacques-de-la-Boucherie.	des Ecrivains.	K 7
Clotilde.	12	Vlle-Estrapade.	Clovis.	K 9-K 10	Commerce (du).	6	Enclos de la Trinité.	Greneta.	L 5
Clovis.	12	Saint-Victor.	Pl. du Carré Ste-Geneviève.	K 9	Commerce (tribunal de).	2	Palais de la Bourse.		I 4
Cluny (hôtel de).	11	des Mathur.-S.-J.		K 8	Comtesse d'Artois (de la).	5	Pointe Ste-Eustac.	Mauconseil.	K 5
Cluny (de).	11	des Grès.	Pl. Sorbonne.	I 9	Concert Musard.	2	Vivienne.		I 4
Cocatrix.	9	Saint-Pierre-aux-Bœufs.	des 3 Cannettes.	K 8	Concert Valentino.	1	Saint-Honoré.		
Cœur-Volant (du).	11	Des Quatre-Vents.	des Boucheries.	I 8	Conciergerie (prison de la).	11	Cour du Palais de Justice.		K 7
Cœur-Volant (du).	1	de Chaillot.	les Champs.	B 5	Concorde (place de la). V. Louis XV.	1			
Coches (cour des). V. cour du Retiro.	1				Concorde (pont de la). V. Louis XVI.	10			
Coches (passage de la cour des). V. du Retiro.	1				Condé (de).	11	des Boucheries.	de Vaugirard.	I 8-I 9
Cochin (hôpital).	12	du F.-St-Jacques.		I 12	Conseil de guerre (hôtel des).	11	du Cherche-Midi.		G 9
Colbert (fontaine).	2	Colbert.	derrière la Bibliothèque royale.	I 4	Conservatoire (fontaine du).	6	Place du Marché Saint-Martin.		L 5
Colbert.	2	Vivienne.	de Richelieu.	I 4	Constantine (de).	9	de la Cité.	aux Fèves.	K 7
Collége (fontaine du).	12	Place Cambray.	Coll. de France.	K 9	Constantine (pont de).	9	Q. Saint-Bernard.	Q. de Béthune.	M 9
Collégiale (place de la).	12	près la place Saint-Marcel.		L 11	Constantinople (de).	1	Pl. de l'Europe.	Bar. de Monceaux.	F 2
Colombe (de la).	9	Basse-des-Ursins.	des Marmouzets.	L 7	Conté.	10	Quai de Conti.		I 7
Colombier (du).	10	de Seine.	Saint-Benoît.	H 7	Conti (place).	5	Montgolfier.	Vaucanson.	L 5
Colombier (du Vieux).	11	Carr. de la Croix-Rouge.		H 8	Conti (quai de).	10	Pont-Neuf.	Pont des Arts.	I 7
Colombier (Neuve-du-).	8	Saint-Antoine.	M. Ste-Cather.	M 7	Conférence (port de la).	1	Quai de la Conférence.	Quai de Billy.	D 5-E 5
Colonne de la grande armée.	1, 2	Place Vendôme.		G 5	Conférence (quai de la).	1	Pont-Louis XVI.	Cour la Reine.	D 5-F 5
Colonne de Médicis.	4	de Viarmes.		I 5	Conservatoire du musique et de déclamation.	2	Bergère.		K 5
Colonnes (des).	2	Neuve-des-Fossés-Saint-Thomas.	Feydeau.	I 4	Contrat-Social	3	des Prouvaires.	de la Tonnellerie.	K 6
Colysée (du).	1	du F.-St-Honoré.	Av. de Neuilly.	D 4-E 4	Contrescarpe.	11	Dauphine.	St.-André-des-Arts.	I 8
Combat (barrière du).	5	Spect. du combat du taureau.	Route de Meaux.	N 2	Contrescarpe.	12	de Fourcy.	des Fossés-Saint-Victor.	K 10
Combat d'animaux. (Spect.)	5	Barr. du Combat.		N 2	Contrescarpe (de la).	9	Quai Morland.	de Charenton.	N 8-N 9
Combat (chemin de ronde de la barrière du).	5	Idem.	Barr. de la Boyauderie.	N 1-N 2	Copeau.	12	Saint-Victor.	Mouffetard.	L 10-K 10
Côme (église Saint-).	11	Ecole-de-Médecine	de la Harpe.	I 8	Coq-Saint-Honoré (du).	4	Pl. de l'Oratoire.	Saint-Honoré.	I 6
Côme (fontaine Saint-).	11	idem.	de Richelieu.	I 8	Coq-Saint-Jean (du).	7	Tixeranderie.	de la Verrerie.	L 7
Comédie (passage de la).	2	Saint-Honoré.	de Grenelle.	H 5-H 6	Coq-Héron.	3	Coquillière.	Pagevin.	I 5
Comète (de la).	10	Saint-Dominique.		D 6-D 7	Coquenard (neuve).	2	Coquenard.	de la Tour-d'Avergne.	I 2-I 3

RUES, PLACES, PASSAGES, QUAIS, PONTS, etc.	Arrondiss.	TENANTS.	ABOUTISSANTS.	RENVOIS AU PLAN.	RUES, PLACES, PASSAGES, QUAIS, PONTS, etc.	Arrondiss.	TENANTS.	ABOUTISSANTS.	RENVOIS AU PLAN.
Coquenard.	2	du F.=Montmartre.	Rochechouart.	I 5-K 3	Croissant (du).	3	du Gros-Chenet.	Montmartre.	K 4
Coquerelle (impasse).	7	des Juifs.	vis-à-vis la rue des Rosiers.	M 7	Croix (impasse Sainte-).	7	des Billettes.	p. la r. Ste-Croix de-la-Bretonn.	L 7
Coquilles (des).	7	Tixeranderie.	de la Verrerie.	L 7	Croix-Bessière (de la)	1	de Longchamps.	c. de r. de la Bar. des Bassins.	B 5
Coquillière.	3	Croix-des-Petits-Champs.	Pl. St-Eustache.	I 5-K 5	Croix du Roule (de la).	1	F. du Roule.	de Chartres.	C 2
Corbeau.	5	Saint-Maur.	Bichat.	N O 4	Croix (place Sainte-).	4	Rue de ce nom.		G 3
Cordelières (des).	12	Saint-Hippolyte.	du Champ de l'Alouette.	K 12	Croix-Blanche (pass. de la).	6	Saint-Denis.	Bourg-l'Abbé.	L 5
Cordeliers (fontaine des).	11	Ec.-de-Médecine.	pr. la r. du Paon.	I 8	Croix (passage de Sainte-).	7	Sainte-Croix-de-la-Bretonnerie.	Impasse Sainte-Croix.	L 7
Corderie (impasse de la).	2	de la Corderie.		H 5	Croix (de la).	6	Neuve St-Laurent.	Phelipeaux.	M 5
Corderie (de la).	6 7	de Beauce.	du Temple.	M 5	Croix (Sainte-).	9	Saint-Lazare.	de la V.-Draperie.	K 7
Corderie (de la).	2	Marché des Jacob.	Neuve-St-Roch.	H 5	Croix (Neuve-Sainte-).	1	Saint-Lazare.	Saint-Nicolas.	G 3
Cordiers (des).	14	Saint-Jacques.	de Cluny.	I 9-K 9	Croix-Blanche (de la).	7	Vile r. du Temple.	Bourtibourg.	L 7
Cornes (des).	12	Banquier.	des Fossés-Saint-Marcel.	L 11-L 12	Croix-Boissière (de la).	1	les champs.	Carr. des Batail.	B 5
Corps-Législatif (place du). V. du Palais-Bourbon.					Croix-Clamart (pont de la).	12	du Jard.-d.-Plant.		L 11
Corroirie (de la).	7	Beaubourg.	Saint-Martin.	L 6	Croix-Rouge (carrefour de la).	10 11	de Sèvres.	du Four.	H 8
Cossonnerie (de la).	4	Saint-Denis.	Place du carré de la Halle.	K 6	Croulebarbe (barrière de).	12	Gentilly.	Bicêt., Villejuif.	K 13
Cotte (de).	8	Saint-Antoine.	Marc. Beauvean.	P 8-P 9	Croulebarbe (pont de).	12	B. des Gobelins.		K 13
Coupe (fontaine de la).	11	Cour latérale du Palais des Pairs.		I 9	Croulebarbe.	12	Mouffetard.	Boul. des Gobel.	K 12-L 12
Cour des Comptes.	11	cour de la Sainte-Chapelle.		K 7	Crucifix (du Petit).	6	S.-J.-de-la-Bouch.	Cloitre Saint-Jacq. de-la-Boucherie.	K 7
Courbaton (imp.).	4	de l'Arbre-Sec.	près la r. d. Fossés-St-Germ.-l'Auxer.	I 7-I 6	Crussol (de).	6	des Fossés-du-Temple.	Folie-Méricourt.	N 5-O 5
Courcelles (barrière de).	1	Villiers.	la Planche.	D 2	Cuirs (halle aux).	5	Mauconseil.		K 5
Courcelles (chemins de ronde de la barrière de).	1	Barr. de Courceil.	Barr. du Roule.	C 6	Cunette (barrière de).	10	Plaine de Grenelle.		A 7
Corcelles (de).	1	de la Pépinière.	Mouceau.	D 3-E 3	Cygne (du).	4	Mondétour.	Saint-Denis.	K 5-K 6
Couronne (passage de la).	5	des Bourdonnais.	Tirechape.	K 6	Cylindre (fontaine du).	11	Cour de la Sainte-Chapelle.		K 7
Couronnes (barrière des Trois-).	6	Pré Saint-Gervais.	Romainville.	P 4	Cylindre (fontaine du).	2	des Moineaux.	des Moulins.	H 5
Couronnes (chemin de ronde de la barrière des Trois-).	6	Barr. des 3 Cour.	Bar. de Rampon.	P 4	**D.**				
Couronnes (des).	6	Saint-Maur.	Bar. des 3 Cour.	O 5-P 4	Dalayrac.	2	Méhul.	Monsigny.	H 4
Couronnes (des Trois-).	12	Car. St-Hippolyte.	Mouffetard.	L 11	Dame (église Notre-).	9	Ile de la Cité.		K 8
Courtalon.	5	Saint-Denis.	Pl. Sainte-Opport.	K 6	Damiette (de).	5	Bourbon-Villen.	Cour des Miracles.	K 4-K 5
Coutellerie (de la).	6	du F. du Temple.		O 4	Damiette (pont de).	9	quart. d'Anjou.	Q. des Célestins.	M 8
Coutures-Saint-Gervais (des).	7	des Arcis.	Jean-de-l'Epine.	L 6	Dany (passage).	1	rue du Rocher.		F 2
Cour-la-Reine (avenue du).	8	VII. r. du Temple.	Thorigny.	M 6	Dauphin (du).	1	de Rivoli.	Saint-Honoré.	H 5
Courty (de).	1	Place Louis XV.	Quai de Billy.	C 5-F 5	Dauphine (place).	11	Pl. du Pont-Neuf.		L 7
Coypel (impasse). V. cour des Deux-Sœurs.	10	de Bourbon.	de l'Université.	F 6	Dauphine.	10	Pont-Neuf.	Carr. Bussy.	I 7-I 8
					Dauphine (passage).	10	Dauphine.	Mazarine.	I 7
					Dauphins (fontaine des).	8	Saint-Antoine.	de Charonne.	O 8
					Debilly (quai de).	4	Allée des Veuves.	Barr. de Passy.	A 7-C 5
Crebillon (de).	11	Condé.	Pl. de l'Odéon.	I 5 I 8	Dessart (passage)	5	des Ecluses-St-M.	du canal Saint-Martin.	N 2

RUES, PLACES, PASSAGES, QUAIS, PONTS, etc.	Arrondiss.	TENANTS.	ABOUTISSANTS.	RENVOIS AU PLAN.	RUES, PLACES, PASSAGES, QUAIS, PONTS, etc.	Arrondiss.	TENANTS.	ABOUTISSANTS.	RENVOIS AU PLAN.
Déchargeurs (des).	4	des Mauv.-Paroles.	de la Ferronnerie.	K 6	Dominique (Saint-).	11	d'Enfer.	du F.-St-Jacques.	I 9
Degrés (des).	5	Beauregard.	de Cléry.	L 4		12			
Degrés (des Grands-).	12	Place Maubert.	de la Tournelle.	K 8-L 8	Dorée.	8	Saint-Gervais.	Saint-Louis.	N 6
Delaunay (impasse).	8	de Charonne.	près la rue de la Muette.	Q 7	Doubles (pont aux).	9	Quai de l'Archevêché.	de la Bûcherie.	K 8
						12			
Delorme (pass. de la galerie).	1	de Rivoli.	Saint-Honoré.	H 5	Douze-Maisons (ruelle des).	1	Allée des Veuves.	de Marbeuf.	CD 5
Delta (du).	2	duF.-Poissonnière.	Abat. Montmartre.	K 1	Douze-Portes (des).	8	Neuve - St-Pierre.	Saint-Louis.	N 6
Delta (jardin du).	2	Idem.		K 1	Doyenné (impasse). Démoli pour la réunion du Louvre aux Tuileries.	1			
Demi-Saint (du).	4	Chilpéric.	des Fossés-St-G.-l'Auxerrois.	I 6					
Denis (boulevart Saint-).	6	Porte St-Martin.	Porte Saint-Denis.	L 4	Doyenné (du). Démolie, idem.	1			
Denis (barrière Saint-).	5	Saint-Denis.	Montmor. Écouen.	M 1	Dragon (cour du).	10	du Dragon.	Carref. St-Benoît.	H 8
Denis (chemin de ronde de la barrière Saint-).	3	Barr. St-Denis.	Barr. Poissonnière.	M 1-L 1	Dragon (passage du).	10	de l'Égout.	du Dragon.	H 8
					Dragon (du).	10	Taranne.	de Gren.-St-Germ.	H 8
Denis (église St-), succursale.	8	Saint-Louis.		N 6	Draperie (de la Vieille-).	9	Place du Palais-de-Justice.	de la Juiverie.	K 7
Denis (Saint-).	4	St.-Jacques-de-la-Boucherie.	Porte Saint-Denis.	K 7-L 4	Droit (école de).	12	Pl. du Panthéon.		K 9
Denis (Saint-).	8	du F.-St-Antoine.	de Montreuil.	Q 8-R 9	Duguay-Trouin.		Madame.	de Fleurus.	H 9
Denis (du Faubourg Saint-).	3	Porte St-Denis.	Barr. Saint-Denis.	L 4-M 1	Duguesclin.	11	Bayard.	Dupleix.	C 8
Denis (Neuve-Saint-).	6	Saint-Denis.	Saint-Martin.	L 4	Duphot.	1	Boul. de la Madeleine.	Saint-Honoré.	G 4
Dervillé.	12	du Champ-de-l'Alouette.	des Anglaises.	K 12	Dupleix (place).	11	Barr. de Grenelle.		B 8-C 8
Desaix (fontaine).	11	Place Thionville.		I 7	Dupleix.	10	Av. de Lam.-Piq.	Place Dupleix.	C 8-9
Desaix (quai), maintenant quai aux Fleurs.	9	Pont Notre-Dame.	Pont au Change.	K 7	Dupont.	10	Basse-St-Pierre.	Gr. r. de Chaillot.	B 5-C 5
					Dupuis.	1	de Vendôme.	encl. du Temple.	M 5
Desaix.	10	Suffren.	Barrière de Grenelle.	B 7-B 8	Duras (de).	6	du Marché.	du F.-St-Honoré.	F 4
					Durestein. (V. Échaudé (de l').	1			
Descartes.	12	de la Montagne-Ste-Geneviève.	du Fondy.	K 9	**E.**				
Désert (du), fermée.	2			H 2-I 2					
Désert (Petite rue du).	2	Saint-Lazare.	du Désert. Ferm.	I 2	Echarpe (de l').	8	de l'Égout.	Place Royale.	N 7
Désir (passage du).	3	du F.-St-Martin.	duFaubourg-Saint-Denis.	L 3-L 3	Echaudé (fontaine de l').	7	Vlle r. du Temple.	de Poitou.	M 6
					Echaudé (de l').	7	Idem.	Idem.	M 6
Dessin (école gratuite de) pour les garçons.	11	de l'Éc.-de-Médec.		I 8	Echaudé (de l').	10	Sainte-Marguerite.	de Seine.	H 8-I 7
					Echelle (de l').	1	de Rivoli.	Saint-Honoré.	H 5
Dessin (école gratuite de) pour les filles.	11	de Touraine.		I 8	Echiquier (impasse de l').	7	Vlle r. du Temple.	pr. la rue Pastour.	M 6
Dette (prison de la).	2	de Clichy.			Echiquier (de l').	3	duF.-Poissonnière.	du F.-Saint-Denis.	K 4-L 4
Deux-Moulins (des).	12	c. de r. de la barr. de la Gare.	Boul. de l'Hôpital.	M 12	Ecluses Saint-Martin (des).	5	de l'hôp. St-Louis.	F.-Saint-Martin.	N 2
					Ecole anatomique deslHôpitaux.	12	du Fer à Moulin.		L 11
Deux-Sœurs (passage des).	2	F.-Montmartre.	Coquenard.	I 3	Ecole spéciale de Pharmacie.	12	de l'Arbalète.		K 11
Diable (fontaine du).	1	Saint-Louis.	de l'Échelle.	H 5	Ecole royale des Beaux-Arts.	10	des Petits-August.		H 7
Diamans (des Cinq-).	6	des Lombards.	Trousseyache.	K 6	Ecole de Droit.	12	Pl. du Panthéon.		K 9
Diorama.	5	Samson.		M 4	Ecole de Médecine (Bibliothèque de l').	11	Ec.-de-Médecine.		I 8
Dominique (impasse Saint-).	12	St-Dominique.	près la rue Sainte-Catherine.	I 9	Ecole de Medecine (Cliniques).	11	Pl. de l'Ecole-de-Médecine.	de l'Observance.	I 8
Dominique (Saint-).	10	des Saints-Pères.	Avenue de Labourdonnaye.	G 7-H 7	Ecole de Méd. (quartier de l'). Ecole de Médecine (de l').	11	de la Harpe.	Carr. de l'Odéon.	I 8

RUES, PLACES, PASSAGES, QUAIS, PONTS, etc.	Arrondiss.	TENANTS.	ABOUTISSANTS.	RENVOIS AU PLAN.	RUES, PLACES, PASSAGES, QUAIS, PONTS, etc.	Arrondiss.	TENANTS.	ABOUTISSANTS.	RENVOIS AU PLAN.
Ecole de Natation (pour l'été).	10	Quai d'Orsay.		F 6	Enghien (d').	3	du Faub.-Poissonnière.	du F.-Saint-Denis.	K 3-L 4
Ecole de Natation (pour l'hiver).	10	Pompe à feu.	Gros-Caillou.	D 6	Entrepôt (de l').	5	des Marais.	de Lacasse.	M 4
Ecole Militaire (barrière de l').	10	Mendon.		C 9	Entrepôt (de l').	5	Quai Valmy.		M 4
Ecole Militaire (caserne de l').	10	Place Fontenoy.		D 8	Entrepôts de Douane.	10	Quai d'Orsay.		D 6
Ecole Militaire (ch. de ronde de la barrière de l').	10	Barrière de l'École-Militaire.	Barr. de Grenelle.	B 8-C 9	Entrepôt général des glaces.	6	Saint-Denis.		L 5
Ecole (passage du quai de l').	4	Quai de l'École.	des Prêtres.	I 6	Entrepôt des huiles.	12	de Pontoise.		L 9
Ecole (place de l').	4	Quai de ce nom.		I 6	Entrepôt des vins.	12	Quai St-Bernard.		L 9-N 10
Ecole (port de l').	4	Quai du Louvre.	Quai de l'École.	I 7	Epée-de-Bois (de l').	12	Mouffetard.		K 10-L 10
Ecole (quai de l').	4	Pont-Neuf.	Quai du Louvre.	I 6-I 7	Eperon (de l').	11	Saint-André-des-Arts.	Gracieuse. du Jardinet.	I 8
Ecosse (d').	12	Saint-Hilaire.	du Four.	K 9	Erfurth (d').	10	Sainte-Marguerite.	Childebert.	H 8
Ecouffes (des).	7	du Roi-de-Sicile.	des Rosiers.	M 7	Ermites (des Deux-).	9	des Marmouzets.	Cocatrix.	K 7-K 8
Ecrivains (des).	6	de la Vlle-Monnaie.	des Arcis.	K 7	Esprit (séminaire du Saint-).	12	des Postes.		K 10-K 11
Ecuries du Roi.	1	Faub. du Roule.		D 5	Essai (de l').	12	Poliveau.	Marché aux Chev.	M 11
Ecuries (cour des Petites-).	3	des Petit.-Ecuries.	du F. Saint-Denis.	L 3	Estampes (cabinet d').	2	Bibliothèq. royale.		I 5
Ecuries (passage des Petites-).	3	du F. Saint-Denis.	des Petit.-Ecuries.	L 3	Est (de l').	11	d'Enfer.	Boulev. du Mont-Parnasse.	I 10
Ecuries (des Petites-).	3	du F.-Poissonnière.	du F.-Saint-Denis.	K 3-L 3	Est (voirie de l').	8	de la Petite-Voirie.	Ménilmontant.	O 5
Ecus (des Deux-).	4	de Grenelle-Saint-Honoré.	des Prouvaires.	I 6-L 6	Estrapade (place de l').	12	des Fossés-St-Jacq.		K 10
Eglise (de l').	10	de Grenelle.	Saint-Dominique.	D 6-D 7	Estrapade (de la Vieille-).	12	Pl. de l'Estrapade.	Place de Fourcy.	K 10
Eglise (des Deux-).	12	du F. St-Jacques.	d'Enfer.	I 10	Estrées (d').	10	Pl. de Fontenoy.	Boulevard des Invalides.	D 8-E 8
Egout (impasse de l').	5	du F. St-Martin.	près la porte Saint-Martin.	L 4	Etat-Major général de la division.	10	de Bourbon.		H 7
Egout (de l').	10	du Four-St-Germ.	Sainte-Marguerite.	H 8	Etat-Major génér. (hôtel de l').	1	Place Vendôme.		G 5
Egout (de l').	8	Neuve-Ste-Cather.	Saint Antoine.	M 7-N 7	Etat-Major génér. de la garde-nationale.	1	Place Carrousel.		Il 3
Egyptienne (fontaine).	7	de Sèvres.		F 9	Etienne (impasse Saint-).	12	Mont. Ste-Genev.	Fermé.	K 9
Elisabeth (église Ste-), succ.	7	du Temple.	des Fontaines.	M 5	Etienne-du-Mont (église St-).	12	Pl. du carré Ste-Geneviève.		K 9
Elisabeth (Sainte-).	7	Neuve-St-Laurent.	de la Calandre.	M 5	Etienne.	4	Boucher.	de Bétizy.	K 6
Eloi (Saint-).	9	de la Vieille-Draperie.	Aven. de Marigny.	K 7	Etienne (Neuve-Saint-).	12	Contrescarpe.	Copeau.	K 10-L 10
Elysée-Bourbon (Aven. de l').	1	Pl. de la Concorde.	Place de l'Étoile.	F 5	Etienne (Neuve-Saint-).	5	Beauregard.	B. Bonn.-Nouvel.	K 4
Elysée-Bourbon (palais de l').	1	du F.-St-Honoré.	Saint-Denis.	F 4-F 5	Etienne-des-Grès (Saint-).	12	Saint-Jacques.	Pl. Sainte-Genev.	K 9
Elysées (prom. des Champs-).	1	Place Louis XV.		K 7	Etienne-du-Mont (des Prêtres-Saint-).	12	Place St-Etienne-du-Mont.	Descartes.	K 9
Empereur (passage de l').	4	la Vlle-Orangerie.		E 9	Etoile (barrière de l'). Voyez barrière de Neuilly.				
Enfants malades (hôpital des).	10	de Sèvres.		M 6	Etoile (impasse de l').	5	Thévenot.	près la cour des Miracles.	K 5
Enfants-Rouges (fontaine des).	7	Place du marché des Enfants-Rouges.		M 6	Etoile (impasse de l').	10	Saint-Dominique.	Esplanade des Invalides.	E 6
Enfants-Rouges (marché des).	7	de Bretagne.	Molay.	M 6	Etoile (passage de l').	5	impasse de l'Étoile.	du Petit-Carreau.	K 5
Enfants-Rouges (des).	7	Pastourelle.	Bagneux.	H 12	Etoile (place de l').	1	Barr. de Neuilly.		E 4
Enfer (barrière d').	12	Montrouge.			Etoile (de l').	9	Quai des Ormes.	des Barres.	M 8
Enfer (boulevard d').	11	Boulev. du Mont-Parnasse.	Barr. d'Enfer.	H 10-H 12	Etroites ruelles (des).	12	d'Austerlitz.	Boul. de l'Hôpital.	M 12
Enfer (chemin de ronde de la barrière d').	11	Barrière d'Enfer.	Barrière du Mont-Parnasse.	G 11-H 12	Etuves (impasse des).	6	des Deux-Écus.	près la rue des Lombards.	K 6
Enfer (d'). Voyez Basse-des-Ursins.				H 11-H 12					
Enfer (d').	11, 12	Place St-Michel.	Barr. d'Enfer.	I 9-H 12					

RUES, PLACES, PASSAGES, QUAIS, PONTS, etc.	Arrondiss.	TENANTS.	ABOUTISSANTS.	RENVOIS AU PLAN.	RUES, PLACES, PASSAGES, QUAIS, PONTS, etc.	Arrondiss.	TENANTS.	ABOUTISSANTS.	RENVOIS AU PLAN.
Etuves (des Vieilles-).	4	Beaubourg.	Saint-Martin.	L 6	Fidélité (place de la).	5	dev. St-Laurent.		M 3
Etuves (des Vieilles-).	4	des Deux-Écus.	Saint-Honoré.	I 6	Fidélité (de la).	5	Du F.-St-Martin.	du-F. St-Denis.	L 3-M 3
Eustache (église Saint-), curé.	3			K 5	Figuier.	9	des Prêt. St.-Paul.	de la Mortellerie.	M 8
Eustache (cul-de-sac Saint-). Voy. passage St-Eustache.	3				Filles-du-Calvaire (boul. des).	8	des Fill.-du-Calv.	du P.-aux-Choux.	N 6
Eustache (quartier Saint-).	3				Filles-du-Calvaire (des).	6	Vlle. r. du Templ.	Bonl. du Temple.	N 6
Eustache (passage Saint-).	3	l'égl. St-Eustache.	Montmartre.	K 5	Filles-Dieu (cul-de-sac des).	3	Basse. P.-St-Denis.	p. la r. Hauteville.	L 4
Eustache (place Saint-).	3	en face le portail.		K 5	Filles-Dieu (des).	5	Bourbon-Villen.	Saint-Denis.	K 4-L 4
Eustache (Neuve-Saint-).	3	du Petit-Carreau.	Montmartre.	K 5	Filles-Saint-Thomas (des).	2	de Richelieu.	Notre - Dame-des-Victoires.	I 4
Évêché (l').	9	Place du Parvis Notre-Dame.	Pont-aux-Doubles.	K 8	Fléchier.	2	Olivier.	Saint-Lazare.	I 3
Évêque (l').	2	des Orties.	d'Anglade.	H 5	Fleurs (fontaine aux).	9	Quai aux Fleurs.		K 7
Exposition publique des produits de l'industrie.	4	au Louvre.		I 6	Fleurs (marché aux).	9	Idem.	tient les mercredis et samedis.	K 7
					Fleurs (quai aux).	9	Pont au Change	Pont Notre-Dame.	
F.					Fleurus (de).	11	N.-D.-d.-Champs.	Madame.	G 9-H 9
					Florentin (Saint).	1	de Rivoli.	Saint-Honoré.	G 5
Farou (cul-de-sac Saint-).	7	de la Tixeranderie.	p. la r. des Mauvais Garçons.	L 7	Foi (fontaine Sainte-).	5	Saint-Denis.	p. la rue Ste-Foi.	L 4
					Foin (marché au).	12	Quai de la Tourn.	Tous les jours.	L 8
Fauconnier(du).	9	des Barres.	d.·Prêtr.-S-Paul.	M 8	Foin (du).	11	Saint-Jacques.	de la Harpe.	K 8
Favart.	2	Grétry.	Boul. des Italiens.	I 4	Foin (du).	8	Saint-Louis.	de la Chaussée des Minimes.	N 7
Felibien.	11	Lobineau.	Clément.	H 8	Foire Saint-Laurent (passage de la).	5	du F.-St-Martin.	du F.-Saint-Denis.	M 3
Femme-sans-Tête (de la).	9	Quai Bourbon.	Saint-Louis.	H 8-L 8	Folie-Méricourt (de la).	6	du F.-du Temple.	de Minilmontant.	N 4-O 5
Fénelon (place).	9	Bossuet.	du Cloître-N-D.	L 8	Folie-Regnault.		des Amandiers.	de la Muette.	Q 6-Q 7
Fer à Moulin.	12	Mouffetard.	d. Fossés-St-Marc.	L 11	Fontaine.	6	Saint-Maur.	Folie-Méricourt.	N 4-O 4
Ferdinand.	6	des Trois-Couron.	de l'Orillon.	O 4	Fontaine.	2	Pigale.	Bar. Blanche.	H 1 et 2
Ferdinand-Berthoud.	6	Mongolfier.	Vaucanson.	L 5-M 5	Fontaine (de la). V. Port-Mahon.				H 4
Ferme-des-Mathur. (de la).	1	Neuve-des-Mathur.	Saint-Nicolas.	G 3	Fontaine (de la).	12	du Puits-l'Herm.	d'Orléans.	I 10
Fermes (hôtel et pass. des)	4	de Grenelle.	du Bouloi.	I 5	Fontaines (cour des).	2	de Valois.	d. Bons-Enfans.	I 5-I 6
Fermes (pass. de l'hôtel des).		cul-de-sac de l'Etoile.	du Petit-Carreau.	I 5	Fontaines (passage des).	11	de Vaugirard.	Jard. du Luxembourg.	I 9
Féronnerie (de la).	4	de la Lingerie.	Saint-Denis.	K 6	Fontaines (pass. de la cour des).	2	N.-des-Bons-Enf.	de Valois.	I 5-I 6
Férou.	11	Férou.	p. la pl. St-Sulp.	H 9	Fontaines (des).	6	de la Croix.	du Temple.	M 5
Férou (cul-de-sac).	11	Pl. St.-Sulpice.	de Vaugirard.	H 8-H 9	Fontainebleau (barrière de). V. Italie.				
Féraille (marché à la).	7	Quai de Gèvres.		K 7					
Féraille (marché à la).	4	Quai aux Fleurs.		K 7	Fontarabie (barrière de).	8	Charonne, etc.		R 7
Fers (aux).	4	Saint-Denis.	Mar. aux Poirées.	K 6	Fontarabie (chemin de ronde de la barrière de).	8	Barr. Fontarabie.	Barr. des Rats.	R 7
Feuillade (de la),	3	Pl. des Victoires.	Neuve-des-Petits-Pères.	I 5					
Feuillans (passage des).	4	de Grenelle-S.-H.	du Bouloi.	I 5	Fontenoy (place de).	10	derr. l'Ecole Milit.		D 8
Feuillantines (cul-de-sac des).	12	d'Hulm.	doit etre percée.	I 10	Force (prison de la Grande-). Hommes prévenus de délits.	7	du Roi-de-Sicile.		M 7
Fèves (aux).	9	de la Vieille-Draperie.	de la Calandre.	K 7	Force (prison de la Petite-). Filles publiques.	7	Pavée.		M 7
Feydeau (quartier).	2				Forez.	6	Marché au vieux linge.	Charlot.	N 5
Feydeau.	2	Montmartre.	de Richelieu.	I 4					
Fiacre (cul-de-sac Jaint-).	6	Saint-Martin.	p. la rue Ognard.	L 6					
Fiacre (Saint-).	3	Boul. Poissonnière.	des Jeûneurs.	K 4					

RUES, PLACES, PASSAGES, QUAIS, PONTS, etc.	Arrondiss.	TENANTS.	ABOUTISSANTS.	RENVOIS AU PLAN.	RUES, PLACES, PASSAGES, QUAIS, PONTS, etc.	Arrondiss.	TENANTS.	ABOUTISSANTS.	RENVOIS AU PLAN.
Forge royale (cul-de-sac de la).	8	du F. St-Antoine.	pr. la rue Sainte-Marguerite.	P 8	Fréjus (de). V. de Monsieur. Frépillon (passage).	10 6	Frépillon.	Passage du Comm.	M 5
Forges (des).	5	Damiette.	Place du Caire.	K 5	Frépillon.	6	Aumaire.	Phélippeaux.	L 5-M 5
Fortunée (avenue).	1	avenue de Neuilly.	av. de Chateaubr.	C 5	Frères (cul-de-sac des Trois).	8	Traversière.	pr. la rue de Charenton.	O 9
Fouarre (du).	12	de la Bûcherie.	Galande.	K 8					
Four (du).	12	des Sept-Voyes.	d'Écosse.	K 9	Frères (des Trois).	2	Chantereine.	Saint-Lazare.	H 3
Four-Saint-Germain (du).	10	Ste-Marguerite.	Car. de la Croix-rouge.		Frileuse.	9	Quai de la Grève.	de la Mortellerie.	L 7
Four-Saint-Honoré (du).	11 3	Taitée.	Saint-Honoré.	H 8 I 6-K 6	Friperie (de la Grande). Friperie (de la Petite).	4 4	Place du Légat. Place du Légat.	de la Tonnellerie. de la Tonnellerie.	K 6 K 6
Fourcy (cul-de-sac de).	9	de Jouy.	p. la r. de Fourcy.	M 7	Fromagerie (de la).	4	Mar. aux Poirées.	de la Tonnellerie.	K 6
Fourcy (place de).	12	pr. la r. de ce nom.		K 10	Froidmanteau.	4	Saint-Honoré.	Pl. du Muséum.	I 6
Fourcy (de).	9	Saint-Antoine.	de Jouy.	M 7	Fromentel.	12	Chartière.	du Cimetière Saint-Benoit.	K 9
Fourcy (de).	12	Mouffetard.	P. de Fourcy.	K 10					
Fourcy (marché de la rue de).	12	*On y vend tous les jours des fourrages.*			Frondeur (des).	2	C. d. 4 Cheminées.	Saint-Honoré.	H 5
					Funambules (théâtres des).	6	Boul. du Temple.		N 5
Fourcurs (des).	4	Pl. Ste-Opportune.	des Lavandières.	K 6	Furstemberg (de).	10	du Colombier.	N.-de-l'Abbaye.	H 7-H 8
Fourneaux (barrière des).	11	Vaugirard.	Clamart.	E 10	Fuseaux (des).	4	St-Germ.-l'Aux.	Quai de la Mégisserie.	K 7
Fourneaux (chemin de ronde de la barrière des).	11	B. des Fourneaux.	Barr. Vaugirard.	E 10	**G.**				
Fourneaux (des).	11	B. des Fourneaux.	de Vaugirard.	E 10-F 10	Gabrielle (avenue).	1	av. de Marigny.	Allée des Veuves.	E 4
Fourrages (marché aux).	5	du F. St-Martin.	*Tous les jours.*	M 3	Gaillon(carrefour).	2	Gaillon.	N. St-Augustin.	H 4
Fourrages (marché aux).	8	du F. St-Antoine.		O 9	Gaillon.	2	Neuv.-des-Petits-Champs.	Neuve-Saint-Augustin.	H 4-H 5
Fourrages (marché aux).	12	Boul d'Enfer.		G 10					
Fourrages militaires.	8	Q. de la Rapée.		O 11	Gaîté (pass. du théâtre de la).	6	Boul. du Temple.	d. Fos.-du-Temp.	N 5
Foy (passage Sainte-).	5	des Filles-Dieu.	Place du Caire.	K 4	Gaîté (théâtre de la).	6	Boul. du Temple.		N 5
Foy (Sainte-).	5	Saint-Denis.	des Filles-Dieu.	K 4-L 4	Galande.	12	Saint-Jacques.	Place Maubert.	K 8
Français (Théâtre-).	2	de Richelieu.	Palais-Royal.	H 5	Galerie du Commerce et de l'Industrie.	4	Boul. Bonn.-Nouv.		L 4
Française.		Pavée.	Mauconseil.	K 5	Garancière.	11	de Vaugirard.	du Petit-Bourbon.	H 8-H 8
France (caser. de la Nouvelle).	3	du F. Poissonnière.		K 3	Garçons (des Mauvais).	10	de Bussy.	des Boucheries.	H 8-I 8
France (collège royal de).	12	Place Gambray.		K 9	Garçons (des Mauvais).	7	de la Tixeranden.	de la Verrerie.	L 7
François Ier (cour de).	6	Saint-Denis.	du Ponceau.	L 5	Garde-Meuble.	1	Place Louis XV.		F 5-G 5
François d'Assise (église Saint-), succursale.	7	du Perche.		M 6	Garde municipale (caserne de).	5	Faubourg-Saint-Martin.		M 4
François-Xavier (église Saint-), succursale, ou des Missions étrangères.	10	du Bac.		G 8	Garde municipale (caserne de).	8	des Francs-Bourgeois.		M 7
François (Neuve-Saint-).	8	Vieil. r. d. Temple	Saint-Louis.	M 6-N 6	Garde municipale (caserne de).	11	de Tournon.		I 8
Franconi (cirque de).	6	Boul. du Temple.		N 5	Garde municipale (caserne de).	12	rue Mouffetard.		
Francs-Bourgeois au Marais (des).	7 8	Vll. r. du Temple.	Payen et Pavée.	M 7	Garde municipale (caserne de).	8	des Minimes.		N 7
					Garnison (des vieilles).	7	de la Tixeranden.	Cloître St-Jean.	L 7
Francs-Bourgeois Saint-Marcel (des).	12	Cloître St-Marcel.	des F. St-Marcel.	L 11	Gare (barrière de la).	12	Quai de l'Hôpital.	Choisy.	O 11
Francs-Bourgeois Saint-Michel (des).	11	Mons. le Prince.	Pl. St. Michel.	I 9	Gasté.	1	de Chaillot.	Basse-St-Pierre.	B 5
Franklin (barrière de).	1	Passy.	B. de Boulogne.	B 6	Gastine (place).	4	Saint-Denis.		K 6
Franklin (chemin de ronde de la barrière de).	1	Barr. Franklin.	Barr. Ste-Marie.	A 6-B 6	Gaz (usine pour l'éclairage par le).	11	d'Enfer.		I 9
					Gaz (usines).	2	F. Poissonnière.		K 2
					Gaz (usines).	2	av. de Trudaine.		I 2

RUES, PLACES, PASSAGES, QUAIS, PONTS, etc.	Arrondiss.	TENANTS.	ABOUTISSANTS.	RENVOIS AU PLAN.	RUES, PLACES, PASSAGES, QUAIS, PONTS, etc.	Arrondiss.	TENANTS.	ABOUTISSANTS.	RENVOIS AU PLAN.
Gazomètre (du).	2	Pl. Bossuet.	F. Poissonnière.	L 2	Gervais (passage des Dames-Saint-).	7	des Rosiers.	des Fr.-Bourgeois.	M 6
Geneviève (basilique de Ste-).	12	St-Jacques.		K 9	Grèves (quai de).	7	Pont Notre-Dame.	Pont au Change.	K 7
Geneviève (Bibliothèque Ste-).	12	de Clovis.		K 9	Gibier (halle au).	11	Quai des Augustins.	des Gr.-Augustins.	I 7
Geneviève (de la Montagne Sainte-).	12	Saint-Victor.	Clovis.	K 9	Gille (Neuve-Saint-).	8	Saint-Louis.	Boul. St-Antoine.	N 7
Geneviève (fontaine Sainte-).	12	de la Mont.-Ste-Geneviève.		K 9	Gille (petite rue Neuve-Saint-).	8	Boul. St-Antoine.	Neuve-St-Gilles.	N 7
Geneviève (place Sainte-).	12	v.-à-v. St-Étienne-du-Mont.		K 9	Gindre (du).	11	du V.-Colombier.	de Mézières.	H 8
Geneviève (Sainte-).	1	de Chaillot.	les champs.	C 4	Gît-le-Cœur.	11	St-André-des-Arts.	Quai des Augustins.	I 8
Geneviève (Neuve-Sainte-).	12	de Fourcy.	des Postes.	K 10	Glacière (de la).	12	de Lourcine.	Boul. St-Jacques.	L 12-K 13
Gentilly (du Petit-).	12	Mouffetard.	Boulev. de Gobelins.	L 12-L 13	Glatigny (de).	9	des Marmouzets.	Basse-des-Ursins.	K 7
Genty (passage).	8	Quai de la Râpée.	de Bercy.	O 10	Gobelins (barrière des). V. d'Italie.	12			
Geoffroy-l'Angevin.	7	Sainte-Avoye.	Beaubourg.	L 6	Gobelins (boulevart des).	12	Barrière d'Italie.	Barr. de Lourcine.	K 13-L 13
Geoffroy-l'Asnier.	9	Saint-Antoine.	Q. de la Grève.	L 8-M 7	Gobelins (manufacture royale des tapisseries des).	12	Mouffetard.		L 12
Georgeot (du clos).	2	Traversière.	Helvétius.	H 5	Gobelins (pont des).	12	Croulebarbe.		K 13
Georges (Saint-).	2	Saint-Lazare.	de Provence.	I 3	Gobelins (des).	12	Mouffetard.	Rivière de Bièvre.	L 12
Gérard-Beauquet.	9	Neuve-St-Paul.	des Lions.	M 8	Godot-de-Mauroy.	1	Boul. de la Madel.	N.-des-Mathurins.	G 3-G 4
Germain-l'Auxerrois (église Saint-), fermée.	4	Place St-Germain-l'Auxerrois.		I 6	Gourdes (des).	1	Aven. de Neuilly.	Ruelle des Blanchisseuses.	C 5-D 4
Germain-l'Auxerrois (place Saint-).	4	vis-à-vis l'église de ce nom.		I 6	Grâce (Notre-dame-de-).	1	d'Anjou.	de la Madeleine.	F 3-G 3
Germain-l'Auxerrois (des 5 Maries.	4	Place des 5 Maries.	Saint-Denis.	I 6-K 7	Gracieuse.	12	Copeau.	d'Orléans.	L 10-L 11
Germain-l'Auxerrois (des Fossés-Saint-).	4	Place du Louvre.	de la Monnaie.	I 6	Grammont (pont de).	9	Quai des Célestins.	Ile Louviers.	M 8
Germain-des-Prés (église St-), succursale.	10	Place Saint-Germain-des-Prés.		H 8	Grammont (de).	2	N.-St-Augustin.	Boul. des Italiens.	H 4
Germain (marché Saint-).	11	du Four.	vis-à-vis l'église.	H 8	Grammont (impasse).	1	de Clichy.		G 2
Germain (place Saint-).	10	vis-à-vis l'église.		H 8	Grand-Prieuré (du).	6	de Ménilmontant.	de la Tour.	N 5
Germain-le-Vieux (pass. St-).	9	du Marché-Neuf.	de la Calandre.	K 7-K 8	Grange-aux-Belles.	5	des Marais.	des Récollets.	M 4-N 3
Germain-des-Prés (place St-).	10	vis-à-vis l'église de ce nom.		H 8	Grange-Batelière.	2	Boul. Montmartre.	du F.-Montmartre.	I 5-I 4
Germain-des-Prés.	10	Jacob.	Place St-Germain-des-Prés.	H 7	Grange-Batelière (Neuve-) V. Grange-Batelière.				
Germain-l'Auxerrois (des Prêtres-Saint-).	4	Place St-Germain-l'Auxerrois.	de la Monnaie.	I 6	Gravilliers (des).	6	du Temple.	Transnonain.	L 5-M 5
Germain-des-Prés (des Fossés-Saint-).	10 11	Carref. de Bussy.	des Boucheries.	I 8	Grenelle (abattoir de).	10	Place de Breteuil.	Plaine de Grenelle.	D 9-E 9
Germain (passage du marché Saint-).		du Four-St-Germ.	de Seine.	H 8-I 8	Grenelle (barrière de).	10	Dupleix.		B 8
Gervais (caserne).	11	du Foin.		K 8	Grenelle (chemin de ronde de la barrière de).	10	Barr. de Grenelle.	Bar. de la Cunette.	E 7
Gervais (église Saint-), 2e succursale de Notre-Dame.	9	du Monceau.	du Pourtour.	L 7	Grenelle (impasse de).	10	de Grenelle.	p.l.r. de la Comète.	G 7
Gervais (du Monceau-Saint-).	9	du Martroi.	du Longpont.	L 7	Grenelle (fontaine de).	10	Idem.		
Gervais (Saint-).	8	des Coutures-St-Germain.			Grenelle (parc de). V. Gymnase normal.				
Gervais-Laurent.	9	Pierre-des-Arcis.	N.-St-François. de la Lanterne.	M 6 K 7	Grenelle-Saint-Germain (de).	10	Carrefour de la Croix-Rouge.	Avenue de Labourdonnaie.	D 7-G 7
					Grenelle-Saint-Honoré (de).	4	Carr. de Sartine.	Saint-Honoré.	I 5-I 9
					Grès (des).	11	de la Harpe.	Saint-Jacques.	I 9-K 6
					Grenetat (impasse).	6	du Commerce.	Encl. de la Trinité.	L 5
					Grenetat (fontaine).	6	Saint-Denis.	Grenetat.	L 5
					Grenetat.	6	Saint-Martin.	Saint-Denis.	L 5
					Grenier de réserve.	9	Boul. Bourdon.		N 8-N 9
					Grenier-Saint-Lazare.	7	Beaubourg.	Saint-Martin.	L 6

RUES, PLACES, PASSAGES, QUAIS, PONTS, etc.	Arrondiss.	TENANTS.	ABOUTISSANTS.	RENVOIS AU PLAN.	RUES, PLACES, PASSAGES, QUAIS, PONTS, etc.	Arrondiss.	TENANTS.	ABOUTISSANTS.	RENVOIS AU PLAN.
Grenier-sur-l'Eau.	9	Geoffroy-l'Asnier.	des Barres.	L 7	Harlay (cour du).	11	du Harlay.	Palais de Justice.	K 7
Grésillons (des)	1	Miromesnil.	du Rocher.	F 3	Harlay (de).	11	Quai des Orfèvres.	Q. de l'Horloge.	I 7
Grétry.	2	Favart.	Grammont.	I 4	Harlay (du).	8	Saint-Claude.	Boul. St-Antoine.	N 6
Grève (Place de).	7	en face l'Hôtel-de-Ville.		L 7	Harpe (de la).	11	Saint-Severin.	Place St-Michel.	I 9-K 8
Grève (quai de la).	9	Place de l'Hôtel-de-Ville.			Hasard (du).	2	Sainte-Anne.	Traversière.	H 5
Gril (du).	12	Censier.	Geoffroy-l'Asnier. d'Orléans.	L 7 L 8 L 10	Haudriettes (des). Haudriettes (des Vieilles-). Hautefeuille.	9 9 11	Quai de la Grève. du Chaume. St-André-des-Arts.	de la Mortellerie. Sainte-Avoie. de l'Ec.-de-Méd.	L 7 M 6 I 8
Grillé (passage). V. du Cendrier.					Hautefort (impasse).	12	des Bourguignons.	près la rue de Lourcine.	K 11
Gros-Caillou (hôpital du).	10	St-Dominique.		C 7-D 7	Hauteville.	3	Boul. Bonne-Nouvelle.	Ch. de r. de la Bar. Saint-Denis.	K 4-L 12
Gros-Caillou (port du).	10	Quai d'Orsay.		D 6	Heaumerie (impasse).	6	de la Heaumerie.	v.-à-v. Trognon.	K 6-K 7
Gros-Chenet (du).	5	des Jeûneurs.	de Cléry.	K 4	Heaumerie (de la).	6	Saint-Denis.	de la Vieille-Monnaie.	K 6-K 7
Grosse-Tête (impasse de la).	5	Saint-Spire.	p. l. Foire d. Cair.	L 4					
Grotte (fontaine de la).	11	Luxembourg.		I 9	Helder (du).	2	Boul. des Italiens.	Taitbout.	H 3-H 4
Guémené (impasse).	8	Saint-Antoine.		N 7-N 8	Helvétius. V. Ste-Anne.				
Guénégaud.	10	Mazarine.	Quai Conti.	I 7	Henri (cour de).	1	de la Madeleine.	Mar. d'Aguesseau.	G 4
Guépine (impasse).	9	de Jouy.	près la r. Geoffroy-l'Asnier.	M 7	Henri I (de). Henri IV (collège de).	6 12	Bailly. pl. Ste-Geneviève.	Royale.	L 5 K 9
Guerre (ministère de la).	10	St-Dominique.		F 6	Henri IV (place de).	11	Pont-Neuf.		I 7
Guérin-Boisseau.	6	Saint-Martin.	Saint-Denis.	L 5	Henri IV (statue de).	11	Terre - Plain du Pont-Neuf.		I 7
Guillaume (cour Saint-).	2	de Richelieu.	Traversière.	H 5		2	des Bons-Enfants.	Cour des Fontaines.	I 6
Guillaume (passage Saint-).	2	Idem.	Idem.	H 5	Henri IV (passage de).				
Guillaume.	9	Quai d'Orléans.	Saint-Louis.	L 8	Hermites (des Deux).	9	Cocatrix.	des Marmouzets.	K 7
Guillaume (Saint-).	10	de Grenelle.	des Saints-Pères.	G 7-H 7	Hilaire (Saint-).	12	Saint - Jean - de - Beauvais.		K 9
Guillemin (Neuve-).	11	du Four.	du V.-Colombier.	H 8	Hillerin-Bertin.	10	de Grenelle-St-G.	des Sept-Voies. de Varennes.	F 7
Guillemites (des).	7	de Paradis.	des Blancs-Manteaux.	M 6-M 7	Hirondelle (de l').	11	Git-le-Cœur.	Place du Petit-St-Michel.	I 8-K 8
Guilleri (carrefour de).	7	de la Coutellerie.	Jean-Pain-Molet.	L 7	Hippolyte (carrefour Saint-).	12	Saint-Hippolyte.	des 5 Couronnes.	L 11
Guisarde.	11	des Canettes.	Mabillon.	H 8	Hippolyte (pont Saint-).	12	Idem.		K 12
Guntzbourg (de). Voy. Cardinale.	10				Hippolyte (Saint-).	12	des 5 Couronnes.	de Lourcine.	K 12
Gymnase-Dram. (théât. du).	3	Boulevard Bonne-Nouvelle.		K 4	Histoire naturelle (muséum d'). V. Jardin-du-Roi.	12			
Gymnase-Musical-Militaire.	2	Blanche.		H 2	Hoche (de). V. Beaujolais.	1			
H.					Homme-Armé (de l').	7	Ste-Croix-de-la-Bretonnerie.	des Blancs-Mant.	L 6-L 7 H 5
Halle au beurre, œufs, fromage.	4	Carr. de la Halle.		K 6	Honoré (marché Saint-). Honoré (du marché Saint-).	2 2	Saint-Honoré. Idem.	Neuve-des-Petits-Champs.	H 5
Halle au poisson	4	Idem.		K 6					
Halle (Grande).	4	Saint-Denis.		K 6	Honoré (pass. du Cloître-St-).	4	Croix - des - Petits-Champs.	des Bons-Enfants.	I 6
Halle (place du carreau de la).	4	de la Tonnellerie.		K 6		1			
Hamelin.	2	Blanche.	de Clichy.	H 2	Honoré (Saint-).	2 3	Royale.	de la Lingerie.	G 4-K 6
Hanovre (de).	2	Louis-le-Grand.	Choiseul.	H 4					
Harcourt. V. Collège St-Louis.									
Harengerie (de la Vieille).	4	du Chevalier-du-Guet.	de la Tabletterie.	K 6	Honoré (porte Saint-).	1	Royale.	Saint-Honoré.	G 4

RUES, PLACES, PASSAGES, QUAIS, PONTS, etc.	Arrondiss.	TENANTS.	ABOUTISSANTS.	RENVOIS AU PLAN.	RUES, PLACES, PASSAGES, QUAIS, PONTS, etc.	Arrondiss.	TENANTS.	ABOUTISSANTS.	RENVOIS AU PLAN.
Honoré (quartier Saint).	4				Iéna (d').	10	Esplan. des Inval.	Quai d'Orsay.	E 6
Honoré-Chevalier.	11	du Pot-de-Fer.	Cassette.	H 9	Ile St-Louis (quartier de l').	9			
Honoré (du faubourg Saint-).	1	d'Angoulême.	porte St-Honoré.	E 3-G 4	Ile des Cygnes (de l').	10	Entrepôt du Gros-Caillou.	Idem.	C 6
Hôpital (boulevard de l').	12	pl. de Walhubert.	barrière d'Italie.	L 12-N 10	Imprimerie royale.	7	Vieille r. du Temp.		M 6
Hôpital (place de l').	12	hôpital de la Salpêtrière.			Incurables hom. (hosp. des).	5	du Faub.-St-Mart.		M 3
Hôpital (pont de l').	12	Boul. de l'Hôpital.	rivière de Bièvre.	M 10	Incurables fem. (hosp. des).	10	de Sèvres.		F 9
Hôpital (porte de l').	12	quai de l'Hôpital.		N 10-O 11	Industrie (passage de l').	5	faub. St-Martin.	F. Saint-Denis.	L 4
Hôpital (quai de l').	12	pont du Jardin du Roi.	barr. de la Garre.	N 10-O 11	Infirmerie royale.	1	faub. du Roule.		D 3
Hôpital de la Salpêtrière.	12	Boulev. de l'Hôp.		M 11-N 11	Innocents (fontaine des).	4	place du Marché des Innocents.		K 6
Hôpital Saint-Louis (de l').	5	barr. du Combat.	des Récollets.	N 2-N 3	Innocents (marché des).	4	place de ce nom.		K 6
Hôpital général (de l').	12	d'Austerlitz.	boul. de l'Hôpital.	M 12	Innocents (pl. du marché des).	4	Saint-Denis.	de la lingerie.	K 6
Hôpital de Lourcine.	12	de Lourcine.		K 12	Innocents (passage des Charniers des).	4	Idem.	vis-à-vis le pont des Arts.	K 6
Hôpital du Midi.	12	Ch. des Capucins.	pont au Change.	L 11	Institut de France.	10	Palais des Beaux-Arts.		I 7
Horloge (quai de l').	11	pl. du Pont-Neuf.		I 7-K 7	Intérieur (ministère de l').	10	de Grenelle.		F 7
Hospitalières (impasse des).	8	de la Chaussée des Minimes.	du Foin.	N 7	Invalides (Boulevard des).	10	Idem.	de Sèvres.	E 7-F 9
Hospitalières Saint-Gervais (des).	7	des Rosiers.	Marché des Blancs-Manteaux.	M 7	Invalides (cour des).	10	hôtel des Invalides.	esplan. des Inval.	E 7
Hôtel Colbert (de l').	12	Galande.	de la Bûcherie.	K 8	Invalides (esplanade des).	10	Idem.	Quai d'Orsay.	E 6
Hôtel-de-Ville (de l').	9	de l'Étoile.	Place de l'Hôtel-de-Ville.	L 7-M 8	Invalides (fontaine des).	10	esplan. des Inval.		E 6
Hôtel-de-Ville (place de l').	7 9	quai Pelletier.	quai de la Grève.	L 7	Invalides (hôtel des).	10	place des Invalid.		E 7
Hôtel-de-Ville (quartier de l').	9				Invalides (place des).	10	hôtel de ce nom.		E 6
Hôtel-Dieu (hospice de l').	9	Parvis-N.-Dame.		K 8	Invalides (pont des).	10	quai d'Orsay.	Q. de la Conféren.	B 6-F 6
Houssaie (du).	2	Chantereine.	de Provence.	H 3	Invalides (quai des) ou d'Orsay.	10	pont Louis XVI.	pont des Invalides.	
Hubert (Jean).	12	des Cholets.	des Sept-Voies.	K 9	Invalides (quartier des).	10			
Huchette (de la).	11	du Petit-Pont.	Vieille-Boucherie.	K 8	Ivry (barrière d').	12	Boul. de l'Hôpital.	plaine d'Ivry.	M 12
Hugues (Saint-).	6	Royale.	Bailly.	L 5	Ivry (d').	12	du Banquier.	boul. de l'Hôpital.	M 12
Huile de moelle de bœuf (manufacture d').	11	du Pont de la Tuilerie.		D 6	Ivry (petite rue d').	12	C. de r. de la Bar. d'Ivry.	de Villejuif.	M 12
Hurleur (du Grand-).	6	Saint-Martin.	Bourg-l'Abbé.	L 5	Irlandais (collège des).	12	des Irlandais.	de la Vlle-Estrap.	K 10
Hurleur (du Petit-).	6	Bourg-l'Abbé.	Saint-Denis.	L 5	Irlandais.	12	des Postes.	carreau de la Halle.	K 10
Humanité (fontaine de l').	9	Place du Parvis-Notre-Dame.		K 8	Issues cuites (marché des).	4	carreau de la Halle.	Fontainebleau.	K 6
Hyacinthe (passage Saint-).	11	Saint-Hyacinthe.	Saint-Thomas.	I 9	Italie (barrière d').	12	Mouffetard.	Louis-le-Grand.	L 13
Hyacinthe (Saint-).	2	du Marc.-St.-Hon.	de la Sourdière.	H 5	Italiens (boulevard des).	2	Richelieu.		H 4-I 4
Hyacinthe (Saint-).	11	Saint-Jacques.	place St-Michel.	I 9	Italiens (place des).	2	Favart, Marivaux.		I 4
Hyacinthe.	9	quai de la Grève.	de la Mortellerie.	L 7	Italiens (théâtre des).	2	place des Italiens.		I 4
I.					**J.**				
Iéna (place d'). V. du Louvre.	4				Jacinthe.	12	Galande.	des Trois-Portes.	K 8
Iéna (pont d'). V. des Invalides.	1 10				Jacob.	10	de Seine-St-Germ.	des Sts-Pères.	H 7
					Jacobins (fontaine des).	2	place du Marché St-Honoré.		H 5
					Jacobins (marché des). V. St-Honoré.	2			H 5
					Jacques (boulevard Saint-).	12	barr. de Lourcine.	barr. d'Enfer.	H 12-I 13

RUES, PLACES, PASSAGES, QUAIS, PONTS, etc.	Arrondiss.	TENANTS.	ABOUTISSANTS.	RENVOIS AU PLAN.	RUES, PLACES, PASSAGES, QUAIS, PONTS, etc.	Arrondiss.	TENANTS.	ABOUTISSANTS.	RENVOIS AU PLAN.
Jacques-du-Haut-Pas (église Saint-), succursale.	12	Saint-Jacques.	des Deux-Églises.	I 10	Jean-Tison.	4	des Fossés-St-Germain-l'Auxerr.	Bailleul.	I 6
Jacques (quartier Saint-).	12				Jeannisson.	2	Saint-Honoré.	de Richelieu.	H 5
Jacques (des Fossés-Saint-).	12	Saint-Jacques.	Pl. de l'Estrapade.	K 9	Jemmapes (quai de).	5	place St-Antoine.	Barr. de Pantin.	N 1-2-3-4-5-6-7
Jacques (Saint-).	11	du Petit-Pont.	de la Bourbe.	I 11-K 8	Jérôme (Saint-).	7	quai de la Grève.	de la Vieille-Lant.	K 7
Jacques (du faubourg Saint-).	12	de la Bourbe.	Barr. d'Arcueil.	H 12-I 11	Jérusalem (impasse de).	9	Saint-Christophe.	près la rue de la Licorne.	K 8
Jacq.-la-Bouch. (marché St-).	6	cour du Commerce.		K 7	Jérusal. (pass. de l'impasse de).	9	Neuve N.-Dame.	Impasse de Jérusal.	K 8
Jacq.-de-la-Bouch. (pass. St-).	6	St-Jacq.-de-la-B.	Pl. St-Jacq.-la-B.	K 7	Jérusalem (de).	11	de Nazareth.	Q. des Orfèvres.	K 7
Jacq.-de-la-Bouch. (place de Saint-).	6	près la cour du Commerce.		K 7	Jésus (cour du nom de).		du F. St-Antoine.		Q 9
Jacques-la-Boucherie (Saint).	6	Saint-Denis.	Planche-Mibray.	K 7	Jet-d'Eau (fontaine du).	6	du Ponceau.		L 4
Jacq.-de-l'Hôpital (pass. St-).	7				Jeu-de-Paume (passage du).	6	de Vendôme.	Boul. du Temple.	N 5
Jardin des Plantes. V. Jardin du Roi.	5	Mauconseil.	du Cygne.	K 5	Jeu-de-Paume (passage du).	10	Mazarine.	de Seine.	I 7
Jard. des Plantes (quart. du).	12				Jeûneurs (des).	3	Montmartre.	du Sentier.	K 4
Jardin du Roi.	12	du Jardin du Roi.	Pl. Walhubert.	L10-M10	Jeux (carré des).	1	Champs-Élysées.		E 5
Jardin du Roi (biblioth. du).	12	Jardin du Roi.		L 10	Joaillerie (de la).	7	Pl. du Châtelet.	St-Jacques-de-la-Boucherie.	K 7
Jardin du Roi (pont du).	8	place Mazas.	Idem.	N 10	Joquelet.	3	N.-D.-des-Victoir.	Montmartre.	I 4
Jardin du Roi (du).	12	du Fer à Moulin.	Carr. de la Pitié.	L 10-L 11	Joseph (cour Saint-).	8	de Charonne.	près la rue du F. Saint-Antoine.	O 8
Jardinet (du).	11	Mignon.	de l'Éperon.	I 8	Joseph (marché Saint-).	5	Montmartre.		K 4
Jardiniers (impasse des).	8	Amelot.	près la petite rue St-Pierre.	N 6	Joseph (Saint-).	3	Idem.	du Gros-Chenet.	K 4
Jardiniers (ruelle des).	8	de Charenton.	C. de r. de la Bar. de Bercy.	Q 10	Joubert.	1	de la Ch.-d'Antin.	Sainte-Croix.	G 5-H 5
Jardins (des).	9	des Prêtr.-St-Paul.	des Barres.	L 7	Jour (du).	3	Montmartre.	Pl. St-Eustache.	K 5
Jarente (de).	8	Culture-Ste-Catherine.	de l'Égout.	M 7	Jouy (carrefour).	7 9	de Jouy.	Saint-Antoine.	M 7
Jean (arcade Saint-).	9	P. de l'Hôt.-de-V.		L 7	Jouy (de).	9	Saint-Antoine.	de Fourcy.	M 7
Jean (fontaine Saint-).	7	place du Marché Saint-Jean.			Judas.	12	des Carmes.	de la Montagne-Ste-Geneviève.	K 9
Jean (marché Saint-).	7	de la Verrerie.	Place Baudoyer.	L 7	Juifs (des).	7	des Rosiers.	du Roi de Sicile.	M 7
Jean (quartier Saint-).	7				Juiverie (cour de la).	8	de la Contrescarp.	p. la r. de Charon.	N 8
Jean (Saint-).	10	Saint-Dominique.	de l'Université.	D 6	Juiverie (de la).	9	de la Vieille-Drap.	de la Calandre.	K 7-K 8
Jean (Neuve-Saint-).	5	du faub. S.-Mart.	du F. St-Denis.	L 3-L 4	Jules (Saint-).	8	de Montreuil.	du F. St-Antoine.	P 8
Jean-Baptiste (Saint-).	1	Saint-Michel.	de la Pépinière.	F 3	Julien-le-Pauvre (Saint-).	12	de la Bûcherie.	Galande.	K 8
Jean-Bart.	11	de Vaugirard.	de Fleurus.	H 9	Julienne.	12	de Lourcine.	Pascal.	K 12
Jean-Beausire.	8	boul. St-Antoine.	Saint-Antoine.	N 7-N 8	Jussienne (cour de la). V. Pas. de la Jussienne.	3			K 5
Jean-de-Beauvais (Saint-).	12	des Noyers.	St-J.-de-Latran.	K 8-K 9	Jussienne (passage de la).	3	de la Jussienne.	Montmartre.	K 5
Jean-Hubert.	12	des Cholets.	des Sept-Voies.	K 9	Jussienne (de la).	3	Montmartre.	Coq-Héron.	K 5
Jean-de-l'Épine.	7	de la Coutellerie.	de la Vannerie.	L 7	Justice (cour du Palais de).	11	Pl. du Pal. de Just.	de la Barillerie.	K 7
Jean-de-Latran (pass. Saint-).	12	place Cambrai.	St J.-de-Beauv.	K 9	Justice (Palais de).	11	de la Barillerie.		K 7
Jean-de-Latran (Saint-).	12	Idem.	Idem.	K 9	Justice (pass. du Palais de).	11	du Harlay.	Pl. du Palais de Justice.	K 7
Jean-Lantier.	7	Bertin-Poirée.	des Lavandières.	K 6					
Jean-Pain-Mollet.	7	des Arcis.	de la Coutellerie.	K 7-L 7	**K.**				
Jean-Robert.	6	Saint-Martin.	Transnonain.	L 5	Kléber.	10	barr. d. la Cunette.	Aven. de Suffren.	B 7-C 8

RUES, PLACES, PASSAGES, QUAIS, PONTS, etc.	Arrondiss.	TENANTS.	ABOUTISSANTS.	RENVOIS AU PLAN.	RUES, PLACES, PASSAGES, QUAIS, PONTS, etc.	Arrondiss.	TENANTS.	ABOUTISSANTS.	RENVOIS AU PLAN.
L.					Lavandières (des).	12	des Noyers.	Pl. Maubert.	K 8
					Lazare (impasse Saint-).	5	du F. Saint-Denis.	p. la r. St-Laur.	M 2
Laborde (Impasse de).	1	Pl. de Laborde.		F 5	Lazare (enclos Saint-).	3	Idem.	du F. Poissonnière	L 2
Laborde (de).	1	du Rocher.	de Miromesnil.	F 5	Lazare (fontaine Saint-).	3	Idem.		L 3
Laborde (de).	6	F. Saint-Martin.	Lafayette.	L 2 et 3 M	Lazare (prison de Saint-).	3	Idem.	de Paradis.	L 3
Laborde (de la place de).	1	Pl. de Laborde.	de la Bienfaisance.	F 3	Lazare (Saint-).		Saint-Laurent.	Foire St-Laurent.	L 3-M 3
La Bourdonnaye (avenue de).	10	Avenue de la Motte-Piquet.	Quai d'Orsay.	C 6-D 7	Lazare (Saint-).	1, 2	du F. Montmartre.	de l'Arcade.	G 3-I 3
Lacaille.	12	Boul.-d'Enfer.	d'Enfer.	H 12	Leclerc.	12	Boul. St-Jacques.	du F. St-Jacques.	H 12
Lacasse.	5	de l'Entrepôt.	Albouy.	K 8	Léda (fontaine de).	10	du Regard.		G 9
Lacuée.	8	Place Mazas.	de Bercy.	N 9	Légat (place du).	4	Halle aux Draps.		K 6
Lafayette.	6	F. Saint-Martin.	F. Poissonnière.	L 2-M 2-N 2-3	Légion-d'Honneur (pal. de la).	10	de Bourbon.		G 6
					Lemoine (passage).	6	Saint-Denis.	Passage de la Longue-Allée.	L 4
Laferrière.	2	N.-D.-de-Lorette.	Fontaine.	I 2	Lenoir.	8	du F. St-Antoine.	Marché Beauveau.	P 8-P 9
Laffitte (passage).	2	Lepelletier.	Laffitte.	I 3	Lenoir.	4	de la Poterie.	Saint-Honoré.	K 6
Laffitte.	2	Boulev. des Ital.	Olivier.	I 3-4	Lenostre.	1	Allée des Veuves.	du Colysée.	D 4
Lagny (du chemin de).	8	av. des Ormeaux.	du F.-St-Antoine.	R 9	Lepelletier.	2	de Provence.	B. des Italiens.	I 3-I 4
Laiterie (de la).	6	p. la rue Greneta.	Encl. de la Trinité.	L 5	Lescot (Pierre).	4	Place du Muséum.	Saint-Honoré.	I 6
Lamoignon (cour de).	11	Quai de l'Horloge.	du Pal. de Justice.	K 7	Lesdiguières (de).	9	de la Cerisaie.	Saint-Antoine.	N 8
Lamoig. (pass. de la cour de).	11	Idem.	du Harlay.	K 7	Leture.	6	Percée.	Petit-Thouars.	M 5
Lamotte-Piquet (avenue de).	10	de Grenelle.	chemin de ronde.	C 9-E 7	Leu St-Gilles (église St-), succursale.	6	Saint-Denis.	Salle-au-Comte.	K 6
Lamotte-Piquet (barr. de).	10			C 9					
Lancry (de).	5	des Marais.	de Bondy.	M 4	Leu (fontaine Saint-).	6	Salle-au-Comte.		L 6
Landry (impasse Saint-).	9	du Chevet-St-Lan.	pr. le q. de la Cité.	K 8	Levrette (de la).	9	de la Mortellerie.	du Martroi.	L 7
Laudry (Saint-).	9	Basse-des-Ursins.	des Marmouzets.	K 8	Licorne (de la).	9	Saint-Christophe.	des Marmouzets.	K 7-K 8
Langlade (de).	2	Traversière.	des Frondeurs.	H 5	Lilas (ruelle des).	8	Petite r. St-Pierre.	des Jardins.	N 6
Lanterne (de la).	9	Vieille-Drapperie.	Quai Desaix.	K 7	Lille (de). Voyez Bourbon.				
Lanterne (de la).	7	des Arcis.	Saint-Bon.	L 7	Limace (carrefour de la).	4	de la Limace.	des Bourdonnais.	K 5
Lanterne de la Vieille-).	7	Saint-Jérôme.	V. pl. aux Veaux.	K 7	Limace (de la).	4	des Déchargeurs.	Idem.	K 6
Langues orientales (cours des).	2	Bibliot.-Royale.	de Richelieu.	I 5	Limoges (de).	7	de Poitou.	de Bretagne.	M 6
Lappe (de).	8	de la Roquette.	de Charonne.	O 8	Linge (marché au vieux).	6	du Petit-Thouars.	Vle. r. du Temp.	M 5
Lappe (rue Neuve-de-).	8	de Charonne.	de la Roquette.	O 7	Lingerie (de la).	4	Saint-Honoré.	March. des Innoc.	K 6
Lard (de).	4	de la Lingerie.	Lenoir.	K 6	Lingerie (de la). V. marché-St-Germain.				
Lard (impasse au).	4	Lenoir.	p. la r. au Lard.	K 6	Lion-St-Paul (fontaine du).	9	des Lions.		M 8
Las-Cases (de).	10	de Belle-Chasse.	Pl. Belle-Chasse.	F 7	Lion. V. Petit-Bourbon.				
Lavoir pub. et dépôt des Laines.	12	Quai de l'Hôpital.		N 10	Lion (du Petit-).	5	Saint-Denis.	des Deux-Portes.	K 5
Laurent (impasse Saint-).	3	Basse-Porte-Saint-Denis.	près le boulevard Bonne-Nouvelle.	L 4	Lion (du Petit-).	11	de Condé.	de Tournon.	I 8
Laurent (marché Saint-).	6	Laborde.	Saint-Laurent.	M 3	Lions-du-Creuzot (font. des).	10	Pal. des B.-Arts.	Saint-Paul.	M 8
Laurent (du marché Saint-).	6	Laborde.	Saint-Laurent.	M 3			du Petit-Musc.		
Laurent (église Saint-), paroisse.	5	Pl. de la Fidélité.		M 3	Lisbonne (de).	1, 2	de Miromesnil.	de Valois.	E 2-F 2
Laurent (enclos Saint-).	5	du F. St-Denis.	du F. St-Martin.	L 3-M 3	Lobineau.	11	Mabillon.	de Seine.	H 8
Laurent (foire Saint-).	5	Saint-Laurent.		M 3	Lombard (Pierre).	12	Mouffetard.	Cloît. St-Marcel.	L 11
Laurent (Saint-).	5	du F. St-Denis.	du F. St-Martin.	L 3-M 3	Lodi (du Pont de).	11	Dauphine.	des Gr.-August.	I 7
Laurent (Neuve-Saint-).	6	de Sainte-Croix.	du Temple.	M 5	Lombards (quartier des).	6			
Laurette.	10	N.-D.-d.-Champs.	de l'Ouest.	H 10	Lombards (des).	6	Saint-Martin.	Saint-Denis.	K 6
Laval.	2	Pigalle.	les champs.	I 2					
Lavandières (des).	4	Pl. St-Opportune.	St-G.-l'Auxerrois.	K 6-K 7					

RUES, PLACES, PASSAGES, QUAIS, PONTS, etc.	Arrondiss.	TENANTS.	ABOUTISSANTS.	RENVOIS AU PLAN.	RUES, PLACES, PASSAGES, QUAIS, PONTS, etc.	Arrondiss.	TENANTS.	ABOUTISSANTS.	RENVOIS AU PLAN.
Longchamp (barrière de).	1	Bois de Boulogne.	Longchamp.	A 5	Lunette (quai des). *V.* Horloge.				
Longchamp (chemin de ronde de la barrière de).	1	Barr. de Longch.	Barr. Ste-Marie.	A 5-A 6	Luxembourg (caserne du Petit-).				
Longchamp (de).	1	Barr. de Longch.	de Chaillot.	B 5	Luxembourg (jardin du). *V.* jardin du palais de la Chambre des Pairs.	11	de Vaugirard.		H 9
Longitudes (bureau des).	12	à l'Observatoire.		H 11		11			
Longpont (de).	9	Saint-Gervais.	Quai de la Grève.	L 7					
Long.-Allée. *V.* pas. Lemoine.					Luxembourg (musée du).	11	Pal. de la Chambre des Pairs.	de Vaugirard.	I 9
Lorette (église Notre-Dame de), succursale.	2	du F. Montmartre.	Olivier.	I 3	Luxembourg (palais du). *V.* palais de la Cham. des Pairs.	11			
Louis-le-Grand (collége).	12	Saint-Jacques.		I 9					
Louis (collége Saint-).	11	de la Harpe.		K 9	Luxembourg (passage du).	11	de l'Ouest.	N.-D.-des-Cham.	H 10
Louis (impasse Saint-).	5	de Carême-prem.	p. la r. des Vinaig.	N 4.	Luxembourg (quartier du).	11			
Louis (impasse Saint-).	8	Saint-Paul.	p. la rue St-Ant.	M 7	Luxembourg (Neuve-du-).	1	de Rivoli.	B. de la Madel.	G 4-G 5
Louis (église Saint-).	9	rue et Ile St-Louis.		M 8					
Louis (église Saint-), succ.	1	Sainte-Croix.		G 3	Louis et St-Paul (église Saint-), succursale.	9	Saint-Antoine.		M 7	Lycée (fontaine du).	1	Sainte-Croix.		G 3
Louis (hôpital Saint-).	5	de l'hôp. St-Louis.		N 3	Lycée (passage du). *V.* passage Valois.				
Louis (Ile Saint-).	9	Pont de la Tourn.	Pont-Marie.	L 8-M 8	Lyonnais (des).	12	des Charbonniers.	de Lourcine.	K 11
Louis XV (place).	1	Pont Louis XVI.		F 5					
Louis XVI (pont).	1, 10	Pl. Louis XV.	Ch. des Députés.	F 5-F 6	**M.**				
Louis XIV (statue de).	3	Pl. des Victoires.		I 5	Mabillon.	11	du Four.	du Pet.-Bourb.	H 8
Louis-le-Grand.		Neuve-des-Petits-Champs.	Boul. des Capucin.	H 4	Mably (de). *V.* d'Enghien.				
Louis (Saint-).	2	de l'Echelle.	Saint-Honoré.	H 5	Mâcon.	11	de la Vieille-Bouclerie.	St-André-des-Ars.	K 8
Louis (Saint-).	1	d. Filles-du-Calv.	de l'Echarpe.	N 6-N 7	Maçons (des).	11	des Mathurins.	Pl. Sorbonne.	I 8-I 9
Louis (Saint-).	8	Pont de la Cité.	Q. de Béthune.	L 8-M 8	Madame.	11	de l'Ouest.		H 9
Louis-Philippe (pont).	9	de Charonne.	de la Roquette.	O 8	Madeleine (boulevard de la).	1	Boul. des Capucin.	Saint-Honoré.	G 4
Lourcine (barrière de).	9	Quai de la Cité.	Q. de la Grève.	L 8	Madeleine (église de la).	1	Boul. de la Madel.		G 5
Lourcine (caserne de).	12	Le Petit-Gentilly.	la Glacière.	K 13	Madeleine (nouv. église de la).	1	Boul. de la Madel.		G 4
Lourcine (de).	12	de Lourcine.			Madeleine (passage de la).	9	de la Juiverie.	de la Licorne.	K 7
Lourcine (passage de).	12	Mouffetard.	de la Santé.	L 12-K 11	Madeleine (de la).	1	du F. St-Honoré.	de l'Arcade.	F 4-G 5
Louvier (île).	12	de Lourcine.	de la Santé.	K 12	Madeleine (marché de la).	1	Pl. de la Madel.		G 4
Louvier (port de l'île).	9	Quai Morland.		M 8-N 9	Madelonettes (prison des), femmes prévenues de délit.	6	des Fontaines.		M 5
Louvois.	9	Ile Louvier.		M 8-N 9					
Louvre (palais du).	2	Sainte-Anne.	de Richelieu.	I 4	Magasin général des hôpitaux militaires.	12	St-Jean-de-Beauv.		K 8
Louvre (passage de la cour du).	4	Quai du Louvre.	Pl. du Muséum.	I 6	Magdebourg (de).	1	des Batailles.	Quai de Billy.	B 6
Louvre (port du).	4	Palais du Louvre.		I 6	Magloire (impasse Saint-).	6	Saint-Magloire, vis-à-vis la r. Salle-au-Comte.		K 6
Louvre (quai du).	4	Quai du Louvre.		I 6	Magloire (passage Saint-).	6	Saint-Denis.	Imp. St-Magloire.	K 6
Louvre (quai du).	1, 4	Quai de l'École.	Pont Royal.	H 6-I 6					
Louvre (quartier du).	4				Magloire (Saint-).	6	Saint-Denis.	Salle-au-Comte.	K 6
Lowendal (avenue de).	10	Barr. de l'Éc.-Mil.	Av. de Tourville.	D 9-E 8	Mahon (du Port-).	2	Louis-le-Grand.	Neuve-Saint-Augustin.	H 4
Lubeck (de).	1	Barr. Ste-Marie.	de Longchamp.	A 6-B 5	Mail (port du).	12	Quai de la Tourn.		L 8
Lully.	2	de Louvois.	Rameau.	I 4	Mail (quartier du).	5			
Lune (de la).	5	Poissonnière.	Boul. Bon.-Nouv.	K 4-L 4					

RUES, PLACES, PASSAGES, QUAIS, PONTS, etc.	Arrondiss.	TENANTS.	ABOUTISSANTS.	RENVOIS AU PLAN.	RUES, PLACES, PASSAGES, QUAIS, PONTS, etc.	Arrondiss.	TENANTS.	ABOUTISSANTS.	RENVOIS AU PLAN.
Mail (du).	3	Vide-Gousset.	Montmartre.	I 5-K 5	Marché-Neuf (du).	9	du Marché-Palu.	de la Barillerie.	K 8
Maine (chaussée du).	11	de Vaugirard.	Barr. du Maine.	F 10	Marché-Neuf (passage du).	9	du Marché-Neuf.	de la Calandre.	K 8
Maine (barrière du).	11	Petit-Montrouge.	Montrouge.	F 10	Marché-St-Jean (quartier du).	7			
Maine (chemin de ronde de la barrière du).	11	Barr. du Maine.	Barr. des Fourn.	F 10	Marché-Palu.	9	Petit-Pont.	de la Calandre.	K 8
Maison d'arrêt de la garde nationale.	12	Neuve-de-la-Gare.		N 10	Marchés (quartier des).	4			
Maison-Neuve.	1	de Laborde.	de la Pépinière.	F 3	Marcoul.	6	Royale.	Bailly.	L 5
Maison des FF. de la Doctrine chrétienne.	5	F. Saint-Martin.		M 2	Marengo (barrière de). V. barrière de Charenton.				
Malaquais (port). V. des St-Pères.	10			H 7	Marengo (chemin de ronde de la barrière de). V. Charenton.	8			
Malaquais (quai).	10	des Saints-Pères.	de Seine.	H 7	Marengo (place de). V. de l'Oratoire.	4			
Malar.	10	Saint-Dominique.	de l'Université.	D 6	Marguerite (église Sainte-), cure.	8	Saint-Bernard.		P 8
Malte (de).	6	de la Tour.	de Ménilmont.	N 5	Marguerite (place Sainte-).	10	de Bussy.	Ste-Marguerite.	H 8
Malte (de). V. de Chartres.					Marguerite (place Sainte-).	8	Saint-Bernard.		P 8
Mandar (cour). V. rue Mandar.	3				Marguerite (Sainte-).	8	du F. St-Antoine.	de Charonne.	P 8
Mandar.	3	Montorgueil.	Montmartre.	K 5	Marguerite (Sainte-).	10	de l'Égout.	des Boucheries.	H 8
Mandé (avenue de Saint-).	8	de Picpus.	Barr. St-Mandé.	R 9-S 10	Marie-Thérèse (infirmerie de).	11	d'Enfer.		H 12
Mandé (barrière de Saint-).	8	Saint-Mandé.	Vincennes.	S 10	Marie (barrière Sainte-).	1	Passy.	Bois de Boulogne.	A 6
Mandé (chemin de ronde de la barrière de Saint-).	8	Barr. St-Mandé.	Bar. de Vincennes.	S 9	Marie (passage Sainte-).	10	du Bac.	de Gren.-St-Ger.	G 7
Mandé (ruelle de Saint-).	8	Av. de St-Mandé.	de Picpus.	R 9	Marie (pont).	9	des Nonandières.	des Deux-Ponts.	M 8
Manége (passage du).	10	desVlles-Tuileries.	de Vaugirard.	G 9	Marie (Sainte-).	10	de Verneuil.	de Bourbon.	H 7
Manutention des vivres.	1	Quai de Billy.		C 5	Marie (avenue Sainte-).	1	de Lubeck.	des Batailles.	B 5-B 6
Marais (quartier du).	8				Marie-Stuart.	5	ch. de r. de la Bar. du Roule.	Faub. du Roule.	C 5
Marais (des).	10	de Seine.	desPet.-Augustins.	H 7	Maries (place des Trois-).	4	Montorgueil.	des Deux-Portes.	K 5
Marais (des).	5	du F. du Temple.	du F. St-Martin.	M 3-N 4	Mariguy (avenue de).	1	Quai de l'École.		I 7
Marais Rouges (impasse des).	5	des Récollets.	p. la rue de l'Hôp. Saint-Louis.	M 3-N 5	Marigny (carré).	1	Av. des Ch.-Élys.	Champs-Élysées.	E 4
Marbeuf (allée).	1	Aven. de Neuilly.	de Marbeuf.	C 4-D 4	Marigny (de).	1	Idem.	du F. St-Honoré.	E 4-F 4
Marbeuf (de).	1	Bizet.	Av. de Neuilly.	D 4	Marine (impasse Sainte-).	9	St-P.-aux-Bœufs.	vis-à-vis la rue Cocatrix.	K 8
Marc (carrefour Saint-).	2	Saint-Marc.	Montmartre.	I 4	Marine (passage de l'impasse Sainte-).				
Marc (Saint-).	2	Feydeau.	de Richelieu.	I 4	Marine (passage de l'impasse Sainte-).	9	du Cloître-N.-D.	Impas. Ste-Marine.	K 8
Marc (Neuve-Saint-).	2	Boul. des Italiens.	Idem.	I 4	Marine (ministère de la).	1	Royale.		F 5-G 5
Marceau. V. de Rohan.					Marion (arche).	4	St-G-l'Auxerrois.	Q. de la Mégisser.	K 7
Marcel (pl. du cloître Saint-).	12	Saint-Marcel.		L 11	Marivaux (de).	2	Grétry.	Boul. des Italiens.	I 4
Marcel (quartier Saint-).	12				Marivaux (de).	6	des Écrivains.	des Lombards.	K 6-K 7
Marcel (Saint-).	12	Pl. de la Collégial.	Mouffetard.	L 11	Marivaux (Petite-rue-de-).	6	de la Vlle-Monn.	de Marivaux.	K 7
Marcel (des Fossés-Saint-).	12	Mouffetard.	Fer-à-Moulin.	L 11-L 12	Marmite (passage de la). V. passage du commerce.				
Marcel (cloître Saint-).	12	Idem.	St-Marcel.	L 11	Marmouzets (des).	9	de la Juiverie.	de la Colombe.	K 7
Marchand (passage).	4	des Bons-Enfants.	Cl. Saint-Honoré.	I 6	Marmouzets (des).	12	Saint-Hippolyte.	des Gobelins.	K 12-L 12
Marche (de la).	7	de Bretagne.	de Poitou.	M 6	Marquefey.	5	du Gr.-St-Michel.	des Écl.-St-Martin.	N 2
Marche (collége de la).	12	de la Montagne-Ste-Geneviève.			Mars (Champ de).	10	École-Militaire.		C 7-C 8
Marché (du).	1	d'Aguesseau.	des Saussayes.	F 4	Mars (fontaine de).	10	Saint-Dominique.		G 7
Marché-aux-fleurs (du).	11	de la Vlle-Draper.	de la Pelleterie.	K 7					

RUES, PLACES, PASSAGES, QUAIS, PONTS, etc.	Arrondiss.	TENANTS.	ABOUTISSANTS.	RENVOIS AU PLAN.	RUES, PLACES, PASSAGES, QUAIS, PONTS, etc.	Arrondiss.	TENANTS.	ABOUTISSANTS.	RENVOIS AU PLAN.
Marsollier.	2	de Méhul.	de Monsigny.	H 4	Maur (Saint-).	5 6	des Amandiers.	de l'hosp. St-Louis.	N 5-P 6
Martel.	3	des Pet-Ecuries.	de Paradis.	L 5		8			
Marthe (Sainte-).	10	Childebert.	Pas. de l'Abbaye.	H 8	Maur (Saint-).	10	des Vlles-Tuiler.	de Sèvres.	G 9
Martial (impasse Saint-)	9	Saint-Éloi.	près la rue de la Vlle-Draperie.	K 7	Maur (Saint-).	6	Sainte-Vaunes.	Royale.	L 5
Martin (barrière-Saint-). V. barrière de la Villette.	6			L 4-M 5	Maure (du).	7	Beaubourg.	Saint-Martin.	L 6
					Maures (cour des).	2	Saint-Honoré.	Palais-Royal.	I 6
Martin (cour Saint-). V. rue Royale dont elle fait partie.	6			L 5	Maures (des Trois-).	6	Trousse-Vache.	des Lombards.	K 6
Martin (impasse Saint-).	6	Royale.	Cour St-Martin.	L 5	Maures (des Trois-).	9	Quai de la Grève.	de la Mortellerie.	L 7
Martin (boulevard Saint-).	5	du Temple.	Saint-Martin.	M 4	Mauvais-Garçons.	10	des Bocheries.	de Bussy.	I 8
Martin (fontaine Saint-).	6	Saint-Martin.	au coin de la rue du Vertbois.	L 5	Mauvais-Garçons.	7	de la Verrerie.	Tixeranderie.	L 7
					Mauvaises-Paroles (des).	4	des Lavandières.	des Bourdonnais.	K 6
					Mazarine (bibliothèque).	10	Pal. des B.-Ars.		I 7
Martin (marché Saint-).	6	Frépillon.	Encl. St-Martin.	L 5	Mazarine.	10	St-And.-des-Arts.	de Seine.	I 7-I 8
Martin (passage de l'abbaye Saint-).	6	Saint-Martin.	Royale.	L 5	Mazas (place).	12	en face du pont du Jardin du Roi.	Q. de la Râpée.	N 9
Martin (quartier Saint-).	7				Mécaniques (des).	6	Encl. de la Trinité.		L 5
Martin (Saint-).	6	des Lombards.	Porte St-Martin.	L 6-L 4	Méchain.	12	de la Santé.	du F. St-Jacques.	I 12
					Médard (carrefour Saint-).	12	Mouffetard.		K 10
Martin (du marché Saint-).	5	Place de ce nom.		L 5	Médard (église Saint-), succur-salle.	12	Idem.	d'Orléans.	L 11
Martin (du Faub. Saint-).	5	Porte St-Martin.	Bar. de la Villette.	L 4-N 1	Médard (pont).	12	Idem.		L 11
Martin (des Fossés-Saint-).	6	de la Chapelle.	du F. St-Denis.	M 1	Médard (Neuve-Saint-).	12	Gracieuse.	Mouffetard.	K 10-L 10
Martin (Neuve-Saint-).	5	Saint-Martin.	du P.-aux-Biches.	L 4-M 5	Médailles (monnaie des).	10	Guénégaud.		I 7
Martroi (du).	7	Pl. de l'Îlot.-de-V.	de la Levrette.	L 7	Médecine (École de).	11	de l'École d. Méd.		I 8
Martyrs (barrière des).	2	des Martyrs.	Monmartre.	I 1	Médecine (de l'École de).	11	Rue de ce nom.		I 8
Martyrs (chemin de ronde de la barrière des).	2	Barr. des Martyrs.	Bar. de Montmart.	I 1-I 2	Médicis (fontaine et colonne de).	7	Carref. de l'Odéon.	de la Harpe.	I 8
Martyrs (des).	2	Saint-Lazare.	Bar. des Martyrs.	I 1-I 2		4	Sainte-Avoye.	Saint-Martin.	L 6
Masseran.	10	Neuve-Plumet.	de Sèvres.	E 9	Médicis (fontaine et colonne de).	4	de Viarmes.		I 6
Massillon.	9	Chanoinesse.	Bossuet.	L 8	Mégisserie (quai de la).	4	Pont-Neuf.	Pont au Change.	I 7-K 7
Masure (de la).	9	Quai des Ormes.	de la Mortellerie.	M 8	Mégisserie (port de la).	4	Quai de la Mégiss.		K 7
Maternité (hospice de la).	11	de la Bourbe.		I 11	Méhul.	2	N.-des-P.-Champs	Marsollier.	H 5
Mathurins (impas. de la Ferme-des-).	1	Neuve-des-Math.	p. la r. d. la Ferme-des-Mathurins.	G 3	Ménages (hospices des).	1	de la Chaise.	de Sèvres.	G 8
Mathurins (de la Ferme-des-).	1	Saint-Nicolas.	N.-des-Mathurins.	G 3	Ménars (de).	2	de Richelieu.	de Grammont.	I 4
Mathurins (des).	11	Saint-Jacques.	de la Harpe.	I 8-K 8	Ménétriers (des).	7	Beaubourg.	Saint-Martin.	L 6
Mathurins (Neuve-des-).	1	de l'Arcade.	de la Ch.-d'Antin.	G 3-H 3	Ménilmontant (abattoir de). V. Popincourt.				P 6
Matignon.	1	Champs-Élysées.	du F. St-Honoré.	E 4	Ménilmontant (barrière de).	8	Ménilmontant.		P 5
Maubert (fontaine).	12	Place Maubert.		K 8	Ménilmontant (chem. de ronde de la barrière de).	8	Barrière de Ménil-montant.	Bar. des 3 Cour.	P 4-P 5
Maubert (marché de la Place).	12	Place Maubert.		K 8	Ménilmontant (de).	6	Barrière de Ménil-montant.	Boul. des Filles-du-Calvaire.	N 6-P 5
Maubert (place).	12	Galande.		K 8					
Maubuée (fontaine).	7	Saint-Martin.	au coin de la rue Maubuée.	L 6	Ménilmontant (Neuve-de-).	8	Boulev. des Filles-du-Calvaire.	Saint-Louis.	N 6
Maubuée.	7	Saint-Martin.	du Poirier.	L 6	Mercier.	4	de Viarmes.	de Grenelle.	I 6
Mauconseil (impasse).	5	Saint-Denis.	p. la rue St-Sauv.	K 5-L 6	Merri (église Saint-), cure.	7	Saint-Martin.		L 6
Mauconseil.	5	Idem.	Montorgueil.	K 5	Merri (du cloître Saint-).	7	de la Verrerie.	Saint-Martin.	L 6 L 7
Maur (fontaine Saint-).	6	Saint-Maur.		N 5					

RUES, PLACES, PASSAGES, QUAIS, PONTS, etc.	Arrondiss.	TENANTS.	ABOUTISSANTS.	RENVOIS AU PLAN.	RUES, PLACES, PASSAGES, QUAIS, PONTS, etc.	Arrondiss.	TENANTS.	ABOUTISSANTS.	RENVOIS AU PLAN.
Merri (hospice Saint-).	7	Cloître-St-Merri.		L 6	Monnaie (port de la).	10	Quai de la Monn.		I 7
Merri (Neuve-Saint-).	7	Bar-du-Bec.	Saint-Martin.	L 6	Monnaie (quai de la). V. quai	10			
Meslay.	6	du Temple.	Idem.	L 4-M 5	Conti.				
Messageries royales.	3	Montmartre.	N.-D.-des-Vict.	L 4	Monnaie (quartier de la).	10			
Messageries Laffitte et Caillard.	4	Saint-Honoré.	Grenelle - Saint-Honoré.		Monnaie (de la).	4	des Fossés-Saint-Germ.-l'Aux.	St-G.-l'Auxerrois.	I 6
Messageries françaises.	3	Montmartre.		I 4	Monnaie (de la Vieille-).	6	des Lombards.	des Ecrivains.	K 6-K 7
Messageries Touchard.	3	F. Saint-Denis.		L 4	Monnaies (hôtel de l'administration des).	10	Quai de Conti.		I 7
Messageries (passage des).	3	N.-D.-des-Vict.	Impasse St-Pierre.	I 4	Monsieur (de).	10	de Babylone.	Plumet.	F 8
Messageries (des).	3	de Paradis.	du F. Poissonnière.	K 3-L 3	Monsieur-le-Prince.	11	Car. de l'Odéon.	de Vaugirard.	I 8
Messine (de).	4	Abatt. du Roule.	Valois.	E 2 et 3	Monsigny.	2	rues Marsollier et Daleyrac.	N.-St-Augustin.	H 4
Métiers (des).	6	Encl. de la Trinité.		L 5	Montaigne.	1	Champs-Elysées.	du F. St-Honoré.	E 4
Mézières.	11	du Pot-de-Fer.	Cassette.	H 8	Montaigu (hôpital de).	12	des Sept-Voies.		K 9
Michel (impasse du Gr.-St-).	5	du F. St-Martin.	p. la r. des Morts.	M 2	Montaigu (prison de). Discipline militaire.	12	des Sept-Voies.		K 9
Michel (fontaine Saint-).	11	de la Harpe.	Pl. St-Michel.	I 9	Montagne-Sainte-Geneviève.	12	Place Maubert.	Pl. St-Étienne-du-Mont.	K 9
Michel (place Saint-).	11	d'Enfer.		I 9	Mont-Blanc. V. Chaussée-d'Antin.				
Michel (place du Pont-St-).	11	en face le pont de ce nom.	de la Harpe.	K 8	Montebello (quai).	12	P. de l'Archevêch.	Pont au Double.	K-L 8
Michel (pont Saint-).	11	de la Barillerie.	Pl. du P.-St-Mich.	K 8	Mont-de-Piété (passage du).	7	de Paradis.	de Paradis.	M 6
Michel (quai Saint-).	11	Pont St-Michel.	Petit Pont.	K 8	Mont-de-Piété (quartier du).	7			M 6
Michel (Saint-).	1	St-Jean-Baptiste.	Maison-Neuve.	F 3	Montfaucon (voirie de).		Extra muros.	p. la b. du Combat	O 2
Michel-le-Comte.	7	Transnonain.	Sainte-Avoye.	L 6	Montfaucon.	11	Pl. Ste-Marguerit.	Marché St-Germ.	H 8
Michodière (de la).	2	Boul. des Italiens.	Carr. Gaillon.	H 4	Montesquieu (passage des Galeries).	4	Cloître-St-Honoré.	Montesquieu.	I 6
Mignon.	11	des Orties.	du Battoir.	I 8	Montesquieu.	4	des Bons-Enfants.	Croix-des-Petits-Champs.	I 6
Milan (de).	1	de Clichy.	d'Amsterdam.	G 2	Montgallet.	8	de Charenton.	de Reuilly.	Q 10
Minéralogie (cabinet de).	10	Hôtel de la Monn.		I 7	Montgolfier.	6	Conté.	Ferdinand - Berthoud.	L 5-M 5
Mines (école royale des).	11	d'Enfer.	Saint-Louis.	I 10					
Minimes (des).	8	des Tournelles.		N 7	Montholon (place).	2	de ce nom.	du F. Poissonnière.	K 3
Miracles (cour des).	5	Damiette.	Impass. de l'Étoile.	K 5	Montholon.	2	Rochechouart.		K 3
Miracles (cour des).	8	de Reuilly.	p. la r. Montgall.	Q 10		2	Idem.		I 4-K 4
Miracles (cour des).	8	des Tournelles.	Jean Beausire.	N 7	Montmartre.	2	Montmartre.	les Télégraphes.	I 4
Miracles (pass. de la cour des).	5	Damiette.	Impas. de l'Étoile.	K 4-K 5	Montmartre (abattoir).	2			
Miracles (pass. de la cour des).	8	des Tournelles.	Jean Beausire.	N 7	Montmartre (barrière).				
Miromesnil.	1	les champs.	Place Beauveau.	E 3-F 4	Montmartre (chemin de ronde de la barrière).	2	Bar. de Montmart.	Bar. Blanche.	H 1
Mobilier de la couronne (conservation du).	2	Bergère.	F. Poissonnière.	K 3	Montmartre (cimetière).		Extra muros.	Bar. Montmartre.	I 1
Moine (du Petit-).	12	de Scipion.	Mouffetard.	I 11	Montmartre (fontaine).	3	Montmartre.	en face la r. Feyd.	I 4
Moineaux (passage des).	2	des Moineaux.	Pass. d'Argent.	H 5	Montmartre (des Fossés).	3	Places Victoires.	Montmartre.	I 5-K 5
Moineaux (des).	2	des Orties.	Neuve-St-Roch.	H 5	Montmartre (du Faubourg).	2	Boul. Montmartre.	Saint-Lazare.	I 3-I 4
Molay.	7	Portefoin.	de la Corderie.	M 5	Montmartre (boulevard).	2	Montmartre.	Richelieu.	I 4
Molière (passage).	6	Saint-Martin.	Quincampoix.	L 6	Montmartre (quartier).	2			
Molière.	11	de Vaugirard.	Pl. de l'Odéon.	I 6		3			
Monceau-Saint-Gervais.	9	de Longpont.	de la Levrette.	L 7	Montmartre.	2	Pointe St-Eustach.	Boul. Montmartre.	I 5-K 5
Mondétour.	4 5	du Cygne.	des Prêcheurs.	K 5-K 6		3			
Mondovi (de).	1	du Mont-Thabor.	de Rivoli.	G 5					
Monnaie (impasse de la).	10	Quai Conti.	derrière l'hôtel de la Monnaie.	I 7					

RUES, PLACES, PASSAGES, QUAIS, PONTS, etc.	Arrondiss.	TENANTS.	ABOUTISSANTS.	RENVOIS AU PLAN.	RUES, PLACES, PASSAGES, QUAIS, PONTS, etc.	Arrondiss.	TENANTS.	ABOUTISSANTS.	RENVOIS AU PLAN.
Montmorency.	7	Saint-Martin.	du Temple.	L 5-M 6	Moussy (de).	7	de la Verrerie.	Sainte-Croix-de-la-Bretonnerie.	L 7
Montmorency (Neuve-).	2	Feydeau.	Saint-Marc.	I 4		7	Place de l'Hôtel-de-Ville.	de la Tixeranderie.	L 7
Montorgueil.	3	Place de la Pointe-St-Eustache.	du Petit-Carreau.	K 5	Mouton (du).	6	de la Roquette.	de Charonne.	P 7-Q 7
Montorgueil (quartier).	5				Muette (de la).	8	de la Roquette.	de Charonne.	H 5
Montpensier.	2	de Richelieu.	Beaujolais.	H 5	Mulets (des).	2	d'Argenteuil.	des Moineaux.	K 9
Mont-Parnasse (barrière du).	11	du Mont-Parnasse.	grande route du Maine.	G 10	Mûrier (du).	12	Traversière.	Saint-Victor.	P 7
Mont-Parnasse (boulevart du).	11	de Sèvres.	d'Enfer.	F 9-H 11	Murs-de-la-Roquette (des).	8	de la Muette.	de la Roquette.	M 8-N 8
Mont-Parnasse (ch. de ronde de la barrière du).	11	Barrière du Mont-Parnasse.	Bar. du Maine.	F 10-G 10	Muse (du Petit-).	9	Quai des Célest.	Saint-Antoine.	I 6
					Muséum (place du).	4	Froidmanteau.		
Mont-Parnasse (impasse).	11	Boulev. du Mont-Parnasse.	p. la rue du Mont-Parnasse.	G 10	**N.**				
Mont-Parnasse (du).	11	N.-D.-d.-Champs.	Barrière du Mont-Parnasse.	G 10	Natation (école de), à l'eau chaude.	10	de la Pompe.		D 6
Montreuil (barrière de).	8	Montreuil.	vill. d'alentour.	S 8	— à l'eau froide.	10	p. du p. Louis XVI et île St-Louis.		F 6
Montreuil (chemin de ronde de la barrière de).	8	Bar. de Montreuil.	B. de Fontarabie.	R 7-S 8	Navarin (de).	2	des Martyrs.	de Bréda.	I 2
Montreuil (pass. de la rue de).	8	du F. St-Antoine.	de Montreuil.	Q 8	Nayade (fontaine de la).	7	des Ylles-Audriett.		M 6
Montreuil (de).	8	Idem.	Bar. de Montreuil.	Q 8-S 9	Nazareth.	11	de Jérusalem.	Cour de la Sainte-Chapelle.	K 7
Mont-Thabor (du).	1	d'Alger.	Mondovi.	G 5	Necker (hôpital).	10	de Sèvres.		E 9
Moreau.	8	Lacuée.	de Charenton.	N 9-O 8	Necker.	8	d'Ormesson.	Jarente.	M 7
Morlaix (impasse).	5	des Morts.	près la rue du F.-St-Martin.	N 2	Néréides (fontaine des).	8	St-Louis.		N 6
Morland (quai).	9	Pont de Grammon.	Contrescarpe.	M 8-N 9	Neuf (Marché).	9	du Marché-Neuf.	du Marché-Palu.	K 7-K 8
Mortagne (impasse).	8	de Charonne.	près la rue Sainte-Marguerite.	P 8	Neuf (du Marché-).	9	de la Barillerie.		K 8
Morts (des).	5	du F.-St-Martin.	de l'hosp. St-Louis.	M 2-N 3	Neuf (Pont).	4, 11	Pl. des 3 Maries.	Dauphine.	I 7
Mortellerie (de la).	9	Place de l'Hôtel-de-Ville.	de l'Étoile.	L 7-M 8	Neuilly (avenue de).	1	Étoile des Champs-Élysées.	Bar. de Neuilly.	C 3-D 4
Mosaïques (manufacture de).	11	Bar. des Fourn.			Neuilly (barrière de).	1	Neuilly.	Saint-Germain.	C 3
Mouceaux (barrière de).	1	Mouceaux.	Bar. de Clichy.	F 2	Neuilly (chemin de ronde de la barrière de).	1	Bar. de Neuilly.	Bar. des Bassins.	B 4
Mouceaux (chemin de ronde de la barrière de).	1	Bar. de Monceaux.	Bar. de Courcelles.	F 2-D 2	Neuve-de-la-Gare.	12	Ch. de r. de la B. de la Gare.	Boul. de l'Hôpital. vis-à-vis la rue de Nevers.	N 10 et 11
Mouceaux (jardin de).	1	Faub. du Roule.	D 2-E 2		Nevers (impasse de).	10	d'Anjou.		I 7
Mouceaux (de).	1	du F. du Roule.	de Courcelles.	D 3	Nevers (de).	10	Quai Conti.		I 7
Mouffetard (barrière de). Voy. d'Italie.					Newton.	1	du Chemin de Versailles.	Ch. de r. de la B. de Neuilly.	C 4
Mouffetard.	12	Fourcy.	Bar. d'Italie.	K 10-L 12	Nicaise (Saint-).	1	Saint-Honoré.	de Rivoli.	H 6
Moulins (carrière de la butte des).	2	des Moulins.	l'Évêque.	H 5	Niche (fontaine de la).	11	Garancière.		H 9
Moulin (du Haut-).	6	du F. du Temple.	de la Tour.	N 4-N 5	Nicolas (Saint-).	5	Royale.	près la Cour Saint-Martin.	L 5
Moulin (du Haut-).	9	de la Lanterne.	Glatigny.	K 7	Nicolas (impasse Saint-).				
Moulin-Joly (ruelle du).	6	des 3 Couronnes.	les Vigues.	P 4	Nicolas-des-Champs (église), succursale.	6	Pl. St-Nicolas-des-Champs.	Saint-Martin.	L 5
Moulins (barrière des Deux). Supprimée.					Nicolas (place Saint-).	6	vis-à-vis l'église.		L 5
Moulins (des).	8	Bar. de Reuilly.	Picpus.	S 10-R 11	Nicolas (port Saint-).	1	Quai du Louvre.		H 6
Moulins (des).	2	des Orties.	Thérèse.	H 5					

RUES, PLACES, PASSAGES, QUAIS, PONTS, etc.	Arrondiss.	TENANTS.	ABOUTISSANTS.	RENVOIS AU PLAN.	RUES, PLACES, PASSAGES, QUAIS, PONTS, etc.	Arrondiss.	TENANTS.	ABOUTISSANTS.	RENVOIS AU PLAN.
Nicolas (du cimetière Saint-).	7	St-Martin.	Transnonain.	L 5	Odéon (place de l').	11	v.-à-v. le théâtre.		I 8
Nicolas (Saint-).	8	du F. St-Antoine.	de Charenton.	O 8	Odéon (de l').	11	Pl. de l'Odéon.	carr. de l'Odéon.	I 8
Nicolas (Saint-).	1	de l'Arcade.	de la Ch.-d'Antin.	G 3-H 3	Odéon (théâtre de l').	11	Pl. de l'Odéon.		I 9
Nicolas (Neuve-Saint-).	6	Samson.	du F. St-Martin.	M 4	Ogniard.	6	Saint-Martin.	des 5 Diamants.	L 6
Nicolas du Chardonnet (église de Saint-), succursale.					Oiseaux (des).	7	d. Enfants-Roug.	de Beauce.	M 6
Nicolas du Chardonnet (St-).	12	des Bernardins.		L 9	Olivet (d').	10	des Brodeurs.	Traverse.	F 9
Nicolet.	12	Traversine.	St-Victor.	K 9	Opéra.	2	Lepelletier.		I 5
Noir (passage).	10	Q. des Invalides.	de l'Université.	E 6	Opéra-Comique (théâtre de l').	2	Place de la Bourse.		I 4
Nonnaindières (des).	2	N. d. Bons-Enfans.	de Valois.	L 5	Opéra-Comique (galerie de l').	2	Neuve des Petits-Champs.	Marsolier.	H 5
Nord (du). V. rue de la Barr. Poissonnière.	9	de Jouy.	Quai des Ormes.	M 7-M 8	Opportune (impasse Sainte-).	5	Grange-aux-Belles.		M 4
Nord-Est (voirie du).	3				Opportune (place Sainte-).	4	des Fourreurs.		K 6
Nord-Ouest (carref. du).	5	Château-Landon.	du chemin de la Chapelle.	M 1	Orangerie (de l').	12	d'Orléans.	Censier.	L 11
Nord-Ouest (voirie du).	1	Verte.		E 4	Oratoire (Neuve-de-l').	1	aven. de Neuilly.	duF.-du-Roule.	C 4-D 3
Normandie (de).	8	de Voirie.	des Grésillons.	E 3	Oratoire (place de l').	4	près du Louvre.		I 6
Notaires (chambre des).	6	Boucherat.	Charlot.	N 5-N 6	Oratoire (de l').	4	Saint-Honoré.	Pl. de l'Oratoire.	I 6
Notre-Dame (parvis).	4	Pl. du Châtelet.		K 7	Oratoire (temple protestant).	4	Saint-Honoré.		I 6
Notre-Dame (pompe).	9	vis-à-vis la Cathédrale.		K 8	Orfèvres (quai des).	11	Pl. du Pont-Neuf.	Pont Saint-Michel.	I 7-K 7
Notre-Dame (pont).	7	au bas du pont Notre-Dame.		K 7	Orfèvres (des).	4	St-Germ.-l'Auxer.	Jean-Lantier.	K 7
Notre-Dame - Bonne - Nouvelle.	9	Planche-Mibray.	de la Lanterne.	K 7	Orillon (de l').	6	Barrière de Ramponeau.	Saint-Maur.	O 4-P 4
Notre-Dame-de-Grâce.	7	Beauregard.	Boul. Poissonnière.	K 4	Orléans (quai d').	9	Pont de la Cité.	Pont de la Tourn.	L 8
Notre-Dame-de-Lorette.	2	d'Anjou.	de la Madeleine.	F 5-G 5	Orléans (d').	4	Saint-Honoré.	des Deux-Écus.	I 6
Notre-Dame-de-Nazareth.	7	Pont aux Biches.	Pigale.	I 2	Orléans (d').	7	des Quatre-Fils.	de Poitou.	M 6
Notre-Dame-de-Recouvrance.	5	Beauregard.	du Temple.	M 5	Orléans (d').	12	du Jardin du Roi.	Mouffetard.	K 11-L10
Notre-Dame-des-Champs.	11	d'Enfer.	Boul. Poissonnière.	K 4	Orléans (cité d').	2	Saint-Lazare.		H 2
Notre-Dame-des-Victoires.	2	car. d. Pet.-Pères.	de Vaugirard.	G 9-H 11	Orléans (cité d').	5	Neu.-d'Orléans ou boul. St-Denis.		L 4
Notre-Dame (du Cloître-).	9	Pl. du Parvis.	Montmartre.	I 4-I 5	Orléans (Neuve-d'), maintenant boulevard St-Denis.				
Notre-Dame (Neuve-).	9	Pl. du Parvis.	Bossuet.	K 8-L 8	Ormes (avenue des).	5	Porte St-Denis.	Porte St-Martin.	L 4
Notre-Dame (Vieille-).	12	Censier.	du Marché-Palu.	K 8	Orme (carref. de l').	9	du Monceau.	Église St-Gervais.	L 7
Nourrices (bureau des).	6	Ste-Apolline, n.18.	d'Orléans.	K 10-L 11	Orme (cour de l').	8	Place du Trône.	de Montreuil.	R 8-R 9
Noyers (des).	12	Saint-Jacques.	Pl. Maubert.	L 4	Orme (passage de la cour de l').	9	N. de la Cerisaie.		N 8
				K 8	Ormeaux (des).	9	Pl. de la Bastille.	N. de la Cerisaie.	N 8
O.					Ormes (quai des).	8	de Montreuil.	du ch. de Lagny.	R 8-R 9
Oblin.	4	Coquillière.	de Viarmes.	K 6	Ormes (port aux).	9	Geoffroy-l'Asnier.	de l'Étoile.	L 8-M 8
Observatoire royal.	12	de Cassini.		H 11-I 11	Ormes (des).	9	Quai des Ormes.		M 8
Observance (de l').	11	Pl. de l'École de Médecine.	Mons. le Prince.	I 8	Ormesson (d').	9	Palais de l'Arsenal.	Pl. de la Bastille.	N 8
Observatoire (quartier de l').	12				Orphelins (hospice des).	8	du F.-St-Antoine.	de l'Égout.	M 7
Odéon (carrefour de l').	11	de l'Odéon.	des Fossés - Saint-Germ.-des-Prés.	I 8	Orsay (quai d').	10	Pont-Royal.	Pont Louis XVI.	O 8
					Orsay (port d').	10	Quai d'Orsay.		B 7-G 6
					Orties (des).	2	d'Argenteuil.	Sainte-Anne.	G 6
					Oseille (de l').	8	Saint-Louis.	Vlle r. du Temple.	H 5
					Ouest (passage de l').	11	de l'Ouest.	N.-D.-d.-Champs.	M 6-N 6 / H 10

RUES, PLACES, PASSAGES, QUAIS, PONTS, etc.	Arrondiss.	TENANTS.	ABOUTISSANTS.	RENVOIS AU PLAN.	RUES, PLACES, PASSAGES, QUAIS, PONTS, etc.	Arrondiss.	TENANTS.	ABOUTISSANTS.	RENVOIS AU PLAN.
Ouest (de l').	11	Boulev. du Mont-Parnasse.	de Vaugirard.	G 9-H 10	Paon (du).	12	Saint-Victor.	Traversine.	L 9
Ourcine. V. Lourcine.					Paon-Blanc (du).	9	Quai des Ormes.	de la Mortellerie.	M 8
Ourcq (canal de l').		Bar. de la Villette.	la Seine.	N 1-N 9	Papillon.	2	Place Montholon.	Bleue.	K 3
Ours (aux).	6	Saint-Martin.	Saint-Denis.	K 5-L 6	Paradis (de).	5	du F.-St-Denis.	du F.-Poissonn.	K 5-L 3
					Paradis (de).	7	du Chaume.	V l'e r. du Temple.	M 6
P.					Parcheminerie (de la).	11	Saint Jacques.	de la Harpe.	K 8
					Parc-Royal (du).	8	de Thorigny.	Saint-Louis.	M G-N 6
Pagevin.	3	des Vieux-August.	de la Jussienne.	I 5	Parmentier (avenue).	8	Saint-Ambroise.	des Amandiers.	O 6-P 6
Paillassons (barrière des).	10	des Paillassons.	Plaine de Grenell.	D 9	Parvis-Notre-Dame (place du).	9	en face l'église.		K 8
Paillassons (chemin de ronde de la barrière des).	10	Bar. d. Paillassons.	Barr. de l'Ecole-Militaire.	D 9	Pas de la Mule (du).	8	Place Royale.	Boul. St-Antoine.	N 7
Paillassons (des).	10	Pérignon.	chemin de ronde.	D 9	Pascal.	12	St-Hippolyte.	du Champ de l'Alouette.	K 14 et 12
Paillassons (ruelle des).	10	Avenue de Saxe.	Barr. des Paillass.	I 9	Passy (barrière de).	1	Quai de Billy.	Versailles.	A 7
Pairs (pal. de la Chambre des).	11	de Vaugirard.		H 9-I 9	Pastourelle.	7	du Temple.	du Gr.-Chantier.	M G
Pairs (jardin du palais des).	11	Palais des Pairs.		H 8	Patriarches (pass. des).	12	d'Orléans.	des Postes.	K 10
Paix (fontaine de la).	11	Place St-Sulpice.		H 4	Patriarches (des).	12	Mouffetard.	de l'Epée de Bois.	L 10
Paix (de la).	1	Neuv.-des-Capuc.	Boul. des Capuc.	K 7	Patriarches (pass. du mar. des).	12	d'Orléans.	d'Orléans.	K 11-L 11
Palais (place du).	9	de la Barillerie.			Paul (des Prêtres-St-).	9	des Nonnaindières.	Saint-Paul.	M 7-M 8
Palais de Justice (île de).	9	du Pont-Neuf.	au Pont de la Cité.	I 7-L 8	Paul (Neuve-St-).	9	Saint-Paul.	Beautreillis.	M 8
Palais de Justice (quartier du).	11				Paul (port Saint-).	9	Quai Saint-Paul.		M 8
Palais-Royal (jardin du).	2	Palais-Royal.			Paul (quai Saint-).	9	Saint-Paul.	de l'Etoile.	M 8
Palais-Royal (place du).	1	Saint-Honoré.		H 6	Paul (Saint-).	9	Saint-Antoine.	Quai des Ormes.	M 8
Palais-Royal (quartier du).	2				Pauquet.	1	de Chaillot.	Ch. de r. de la bar. de Neuilly.	C 4
Palatine.	11	Servandoni.	Garancière.	H 8	Pavée au Marais.	7	du Roi de Sicile.	N.-Ste-Catherine.	M 7
Palu (du marché).	9	de la Calandre.	le Petit-Pont.	K 8	Pavée-St-André-d.-Ars.	11	St-André-d.- Ars.	Quai des August.	I 7-I 8
Panier-Fleuri (passage du). V. passage de l'impasse des Bourdonnais.					Pavée-St-Sauveur.	5	Montorgueil.	du Petit-Lion.	K 5
					Pavillons (passage des).	2	Beaujolais.	des Petits-Champs.	I 5
					Pavillons (des Trois).	8	du Parc-Royal.	des Francs-Bourg.	M 6-M 7
Panier-Fleuri (du).	11	compris dans la r. N.-de-Seine.			Paxent (Saint-).	6	Royale.	Bailly.	L 5
Panorama.	5	des Marais-du-T.		M 4	Payen (pass. du clos).	12	du Petit-Champ.	Bar. des Gobelins.	K 12-K 13
Panorama (passage des).	2	Boul. Montmartre.	Saint-Marc.	I 4	Payenne.	8	N.-Ste-Catherine.	du Parc-Royal.	M 7
Panthémont (caserne de).	10	de Grenelle.		F 7	Pecquay (impasse).	7	des Blancs-Mant.	près la rue du Chaume.	L 6
Panthéon (bibliothèque du).	12	coll. de Henri IV.		K 9	Peintres (impasse des).	6	Saint-Denis.	pr. la r. aux Ours.	L 5
Panthéon (marché du).	12	Soufflot.		K 9	Pélagie (prison de Sainte-).	12	de la Clef.		L 10
Panthéon (place du).	12	en face l'église Ste-Geneviève.		K 9	Pélerins (St.Jacques des).	5	de la Grande Truanderie.	Mauconseil.	K 5-K 6
					Pélican (rue du).	4	de Grenelle-Saint-Honoré.	Croix-des-Petits-Champs.	I 6
Pantin (barrière de).	5	du ch. de Pantin.	route de Meaux.	N 1	Pellée (ruelle).	8	petite r. St-Pierre.	les Jardins.	N G
Pantin (chemin de ronde de la barrière de).	5	Bar. de Pantin.	Bar. de la Villette.	N 1	Pelleterie (de la).	9	de la Barillerie.	de la Lanterne.	K 7
Paon (impasse du).	11	du Paon.	près la rue du Jardinet.	I 8	Pelletier (quai).	9	place de l'Hôtel-de-Ville.	Pont Notre-Dame.	K 7-L 7
					Pépinière (avenue de la).	1	Jard. du Luxemb.	Pl. de l'Observat.	I 10-I 11
					Pépinière (caserne de la).	1	de la Pépinière.		F 3
Paon (du).	11	du Jardinet.	de l'Ecole de Médecine.	I 8	Pépinière (de la).	1	de Courcelles.	du Rocher.	F 5-G 5
					Percée.	9	des Prêtr.-St-Paul.	Saint-Antoine.	M 7

RUES, PLACES, PASSAGES, QUAIS, PONTS, etc.	Arrondiss.	TENANTS.	ABOUTISSANTS.	RENVOIS AU PLAN.	RUES, PLACES, PASSAGES, QUAIS, PONTS, etc.	Arrondiss.	TENANTS.	ABOUTISSANTS.	RENVOIS AU PLAN.
Percée.	11	de la Harpe.	Hautefeuille.	K 8	Pierre (impasse Saint-).	8	Neuve-St-Pierre.	p. la r. N.-St-Gil.	N 7
Perche (du).	7	d'Orléans.	VIIe r. du Temple.	M 6	Pierre (église Saint-).	1	de Chaillot.		C 5
Perdue.	12	Place Maubert.	des Gr.-Degrés.	K 8	Pierre (église Saint-).	10	St-Dominique.	au Gros-Caillou.	D 6
Pères (port des Saints-).	10	Quai Malaquais.		H 7	Pierre (passage Saint-).	9	Saint-Antoine.	Saint-Paul.	M 8
Pères (des Saints-).	10	Quai Malaquais.	de Grenelle-St-G.	H 7	Pierre (passage Saint-).	4	de la Tacherie.	des Arcis.	K 7
Pérignon.	10	des Paillassons.	Avenue de Saxe.	D 9-E 9	Pierre (basse Saint-).	1	de Chaillot.	Quai de Billy.	C 5
Père-la-Chaise (cimetière du).		Bar. d'Aunay.	extra muros.	Q 6	Pierre (Neuve-Saint-).	8	des Douze-Portes.	Neuve-St-Gilles.	N 7
Périgueux (de).	6	de Bretagne.	Boucherat.	N 8	Pierre (Saint-).	3	Montmartre.	N.-D.-des-Victoir.	N 6
Périne (Sainte-). V. Sainte-Geneviève.					Pierre (Saint-).	8	de Ménilmontant.	St-Sébastien.	I 5-K 5
Périne (hospice Sainte-), pour les vieillards.	1	de Chaillot.		C 4	Pierre (petite rue Saint-).	8	Amelot.	du Chemin-Vert.	N 6-N 7
Perle (de la).	8	Thorigny.	VIIe r. du Temple.	K 7	Pierre-des-Arcis (Saint-).	9	de la VIle-Draper.	Gervais-Laurent.	K 7
Pernelle.	9	de la Mortellerie.	Quai de la Grève.	M 6	Pierre-Assis.	12	St-Hippolyte.	Mouffetard.	L 11
Perpignan (de).	9	des Marmouzets.	des Trois-Canettes.	L 7	Pierre-aux-Bœufs (Saint-).	9	Place du Parvis Notre-Dame.	Quai de la Cité.	K 7 et 8
Perrée.	6	Place de la Rotonde du Temple.	du Temple.	M 5	Pierre-au-Lard.	7	du Poirier.	Neuve-St-Merri.	L 6
Perrin-Gasselin.	4	Saint-Denis.	VIIe Harengerie.	K 7	Pierre-Lescot.	4	Place du Muséum.	Saint-Honoré.	I 6
Perron (passage du).	2	Palais-Royal.	Vivienne.	I 5	Pierre-Lombard.	12	Mouffetard.	Anc. cl. St-Marc.	L 11
Petit-Champ (du).	12	du Champ-de-l'Alouette.	de la Glacière.	K 12	Pierre-à-Poissons.	4	de la Saunerie.	Pl. du Châtelet.	K 7
Petits-Pères (carrefour des).	3	du Mail.	des Petits-Pères.	I 5	Pierre-Sarrazin.	11	de la Harpe.	Hautefeuille.	I 8
Petits-Pères (caserne des).	3	N.-D.-des-Victoir.		I 5	Pinon.	2	Neuve-Grange-Batelière.	d'Artois.	H 2-H 1
Petits-Pères (passage des).	3	Neuve-des-Petits-Champs.	Notre-Dame-des-Victoires.	I 5	Pirouette.	4	Place du Carreau de la Halle.	Mondétour.	I 3
Petits-Pères (place des).	3	en face l'église de ce nom.		I 5	Pistolets (des Trois-).	5	du Petit-Musc.	Beautreillis.	K 6
Petits-Pères (des).	3	Vide-Gousset.	de la Feuillade.	I 5	Pitié (carrefour de la).	12	Copeau.	Saint-Victor.	M 5
Petit-Pont.	11 12	du Marché-Palu.	du Petit-Pont.	K 8	Pitié (hospice de la).	12	Copeau.		L 9
Petit-Pont (du).	11 12	le Petit-Pont.	Galande.	K 8	Placide (Sainte-).	10	des VIles-Tuiler.	de Sèvres.	G 8-G 9
Petite-Halle (fontaine de la).		du F.-St-Antoine.	de Montreuil.	P 8	Planche (de la).	10	de la Chaise.	du Bac.	G 8
Pét-au-Diable (du). V. du Tourniquet St-Jean.					Planche-Mibray.	7	St-Jacq.-la-Bouch.	Pont Notre-Dame.	K 7
Pétrelle.	2	du F.-Poissonnière.	Rochechouart.	K 2	Planchette (impasse de la).	6	Saint-Martin.	p. de la r. Meslay.	L 4
Phélipeaux.	6	du Temple.	Frépillon.	M 5	Planchette (de la).	8	des Terres-Fortes.	de Charenton.	N 8
Philippe-du-Roule (église St-).	1	du Roule.	de Courcelles.	E 3	Planchette (ruelle de la).	8	mur de clôture.	de Charenton.	Q 10-Q 11
Philippe (passage Saint-).	1	du F.-St-Honoré.	Bourbon-Villeneu.	E 3	Plantes (Jardin des). V. Jardin du Roi.				
Philippe (Saint-).	5	de Cléry.	Bailly.	K 4	Plat-d'Étain (du).	4	des Lavandières.	des Déchargeurs.	K 6
Philippe (Saint-).	1	Royale.	Saint-Maur.	L 5	Plâtre (du).	12	des Anglais.	Saint-Jacques.	K 8
Picpus (barrière de).	8	de Picpus.		S 11	Plâtre (du).	7	de l'Homme-Armé.	Sainte-Avoye.	L 6
Picpus (chemin de ronde de la barrière de).	8	Bar. de Picpus.	Bar. de St-Mandé.	S 10-S 11	Plumet (impasse).	10	des Brodeurs.	v.-à-v. la r. Plum.	F 8
Picpus (de).	8	du F.-St-Antoine.	Bar. de Picpus.	R 9-S 11	Plumet (Neuve-).	10	Boul. des Invalid.	Av. de Breteuil.	E 9-F 8
Pied-de-Bœuf (du).	7	de la Joaillerie.	de la Tuerie.	K 7	Plumet (Saint-).	10	Boul. des Invalid.	des Brodeurs.	E 9
Pierre (impasse Saint-).	3	Montmartre.	près l'hôtel des Messageries.	I 4-K 4	Plumets (des).	9	de la Mortellerie.	Quai de la Grève.	L 7
					Pointe-St-Eustache (place de la).	5	de la Tonnellerie.	Traînée.	K 6
					Poirées (des).	11	Neuve-des-Poirées.	des Cordiers.	K 9
					Poirées (Neuve-des-).	11	des Poirées.	Saint-Jacques.	K 9
					Poirées (du Marché-aux-).	4	Carreau de la Hall.	Place du Légat.	K 6
					Poirier (du).	7	Simon-le-Franc.	Neuve-St-Merri.	L 6

RUES, PLACES, PASSAGES, QUAIS, PONTS, etc.	Arrondiss.	TENANTS.	ABOUTISSANTS.	RENVOIS AU PLAN.	RUES, PLACES, PASSAGES, QUAIS, PONTS, etc.	Arrondiss.	TENANTS.	ABOUTISSANTS.	RENVOIS AU PLAN.
Poissonnière (barrière).	2, 5	duF.-Poissonnière.	Montmartre.	K 1	Pontoise (de).	12	Quai de la Tourn.	Saint-Victor.	L 8-L 9
					Ponts (des Deux-).	9	Pont Marie.	Pont de la Tourn.	L 8
Poissonnière (boulevard).	2, 5	Poissonnière.	Montmartre.	K 4	Popincourt (abattoir de).	8	Saint-Ambroise.	des Amandiers.	P 6
					Popincourt (caserne de).	8	Popincourt.		O 6
Poissonnière (chem. de ronde de la barrière).	2	Barr. Poissonnière.	Barr. Rochech.	K 1	Popincourt (quartier de).	8			
					Popincourt (marché).	8	de Ménilmontant.		O 5
Poissonnière (impasse).	8	Jarente.	près le marché Ste-Catherine.	M 7	Popincourt (de).	8	de Ménilmontant.	de la Roquette.	O 5-P 7
					Porcs (marché aux).	12	Boul. de l'Hôpital.		M 11
Poissonnière.	3, 5	Boul. Poissonnière.	de Cléry.	K 11	Porcherons (carrefour des).	2	Saint-Lazare.	des Martyrs.	I 3
					Port-Mahon (de).	2	carr. Gaillon.	Louis-le-Grand.	H 4
Poissonnière (du Faubourg-).	2, 5	Boul. Poissonnière.	Barr. Poissonnière.	K 1-K 4	Porte-Foin.	7	du Temple.	des Enfants-Roug.	M 5
					Porte Saint-Denis (arc-de-triomphe).	5	Boulevard Saint-Denis.		
Poissons (marché aux).	4	Carreau de la Hall.		K 6	Porte Saint-Denis (quartier de la).	6			L 4
Poissy (de).	12	Quai de la Tourn.	Saint-Victor.	L 8-L 9
Poitevins (des).	11	du Battoir.	Hautefeuille.	I 8	Porte Saint-Martin (arc-de-triomphe).	5	Boul. St-Martin.		L 4
Poitiers (de).	10	Quai d'Orsay.	de l'Université.	G 6-G 7
Poitiers (Neuve-de-).	1	N.-de-l'Oratoire.	Neuve de Berri.	D 5	Porte Saint-Martin (quartier de la).	5			
Poitou (de).	7	d'Orléans.	Vlle r. du Temple.	M 6
Poliveau (de).	12	du Marché-aux-Chevaux.	Boul. de l'Hôpital.	L 11-M 11	Porte Saint-Martin (théâtre de la).	5	Boul. St-Martin.		L 4
Pologne (carref. de la Petite-).	1	de la Pépinière.	de l'Arcade.	G 5	Portes (des Deux-).	7	de la Verrerie.	de la Tixeranderie.	L 7
Polytechnique (École royale).	12	de la Montagne-Ste-Geneviève.		K 9	Portes (des Deux-).	11	de la Harpe.	Hautefeuille.	I 8
					Portes (des Deux-).	5	du Petit-Lion.	Thévenot.	K 5
Pommes-de-Terre (Mar.-aux-).	4	du Marché-aux-Poirées.		K 6	Portes (des Douze-).	8	Neuve-St-Pierre.	Saint-Louis.	N 6
					Portes (des Trois-).	12	Place Maubert.	des Rats.	K 8
Pompe (impasse de la).	5	de Bondy.	pr. la p. St-Martin.	L 4	Poste aux Chevaux.	2	Tour-des-Dames.		H 2
Pompe-à-Feu (passage de la).	1	Quai de Billy.	de Chaillot.	C 5	Postes aux Lettres (hôtel de l'administration des).	3	J.-J. Rousseau.	de l'Arbalète.	K 5
Pompe (de la).	10	de l'Université.	Quai d'Orsay.	D 6
Pompiers (caserne des).	1	de la Paix.		H 4
Pompiers (caserne des).	3	Cult.-Ste-Catherin.		M 7	Pot-de-Fer (fontaine du).	12	Pl. de l'Estrapade.	du Pot-de-Fer.	K 10-K 11
Pompiers (caserne des).	11	du V.-Colombier.		H 8	Pot-de-Fer-Saint-Marcel.	12	Mouffetard.	Mouffetard.	K 10
Pompiers (caserne des).	5	Faub. St.Martin.		M 3	Pot-de-Fer-Saint-Germain.	11	du V.-Colombier.	de Vaugirard.	H 8-H 9
Pompiers (état-major-général des).	11	Quai des Orfèvres.		K 7	Poterie (de la).	4	de la Tonnellerie.	de la Lingerie.	K 6
Ponceau (fontaine du).	6	Saint-Denis.	du Ponceau.	L 5	Poterie (de la).	7	de la Tixeranderie.	de la Verrerie.	L 7
Ponceau (du).	6	Saint-Denis.	Saint-Martin.	L 4-L 5	Potiers-d'Etain (des).	5	Pirouette.	de la Cossonnerie.	K 6
Ponceau (passage du).	6	du Ponceau.	Saint-Denis.	L 3	Poules (des).	12	de la Ville-Estrap.	du Puits qui parle.	K 10
Pont-aux-Biches (impasse du).	6	vis-à-vis le Pont-aux-Choux.			Poulies (des).	4	Place du Louvre.	Saint-Honoré.	I 6
					Pouletier.	9	Quai d'Anjou.	Quai de Béthune.	M 8
Pont-aux-Biches.	12	Censier.	du Fer-à-Moulins.	L 11	Poupée.	11	Hautefeuille.	de la Harpe.	K 8
Pont-aux-Biches.	6	Neuv.-St-Laurent.	N.-D. de Nazar.	M 5	Pourtour (du).	9	Place Beaudoyer.	du Monceau.	L 7
Pont-aux-Choux (du).	8	Saint-Louis.	Boul. St-Antoine.	N 6	Prêcheurs (des).	4	d. Potiers-d'Etain.	Saint-Denis.	K 6
Pont-de-Lodi (du).	11	Dauphine.	des Gr.-Augustins.	I 7	Préfecture du département (hôtel de la).	9	Pl. de l'Hôtel-de-Ville.		L 7
Ponthieu (de).	1	Neuve-de-Berri.	Av. de Marigny.	D 4-E 4
Pont-Louis-Philippe (du).	9	Quai de la Grève.	St-Antoine.	L 7	Préfecture de Police (hôtel de la).	11	de Jérusalem.		K 8
Pont-Neuf (place du). V. de Henri IV.				
					Prêtres-Saint-Nicolas (impasse des).	6	Saint-Martin.	vis-à-vis la rue Greneta.	L 5
Pont-Neuf (passage du).	10	Mazarine.	de Seine.	I 7

RUES, PLACES, PASSAGES, QUAIS, PONTS, etc.	Arrondiss.	TENANTS.	ABOUTISSANTS.	RENVOIS AU PLAN.	RUES, PLACES, PASSAGES, QUAIS, PONTS, etc.	Arrondiss.	TENANTS.	ABOUTISSANTS.	RENVOIS AU PLAN.
Prieuré (du Grand-).	10	de la Tour.	Ménilmontant.	N 5	Ramponeau (barrière de).	6	de l'Orillon.		P 4
Prince (Hospice-le-).	10	St-Dominique.	au Gros-Caillou.	D 6	Ramponeau (chemin de ronde de la barrière de).	6	Barr. Ramponeau.	Barr. de Belleville.	O 4-P 4
Princesse.	11	du Four.	Guisarde.	H 8	Râpée (barrière de la).	8	bords de la Seine.	Charenton.	O 11
Prix-Fixe (passage du).	2	de Richelieu.	de Montpensier.	I 5	Râpée (chemin de ronde de la barrière de la).	8	Barr. de la Râpée.	Barr. de Bercy.	O 11-P 14
Projetée (avenue).	8	ruel. de St-Mandé.	Place du Trône.	R 9	Râpée (port de la).	8	Quai de la Râpée.		N 10-O 11
Projetée (impasse de la rue).	1	fait part. de la rue Godot-de-Mauroy.		G 5	Râpée (quai de la).	8	Traversière.	Barr. de la Râpée.	N 10-F 11
Propylée de Saint-Martin.	5	près le bassin de la Villette.		N 1	Rats (barrière des).	8	le Cimetière de Mont-Louis.	(fermée).	Q 7
Prouvaires (des).	3	Traînée.	Saint-Honoré.	K 6	Rats (ch. de r. de la bar. des).	8	Barr. des Rats.	Barr. d'Aunay.	Q 6-Q 7
Provence (de).	2	de la Ch.-d'Antin.	du F.-Montmartre.	H 3-I 5	Rats (des), maintenant rue de l'Hôtel-Colbert.	12	Galande.	de la Bûcherie.	K 8
Provençaux (impasse des).	4	de l'Arbre-Sec.	derrière Saint-Germain-l'Auxerr.	I 6	Rats (des).	8	Folie-Regnault.	anc. bar. des Rats.	Q 7
Puits (du).	7	des Blancs-Mant.	Sainte-Croix-de-la-Bretonnerie.	L 7-M 6	Ravel. V. Saint-Romain.				
Puits (impasse du Bon-).	12	Traversine.		L 9	Réale (de la).	5	de la Gr.-Truand.	de la Tonnellerie.	K 6
Puits (du Bon-).	12	Saint-Victor.	Traversine.	L 9	Récollets (fontaine des).	5	du F.-St-Martin.	près les Incurables.	M 5
Puits-Certain (du). Voyez St-Hilaire.					Récollets (des).	5	Grange-aux-Belles.	Du F.-St-Martin.	M 5-N 3
Puits-l'Hermite (place du).	12	près Ste-Pélagie.		L 10	Recouvrance (Notre-Dame-de-).	5	Beauregard.	Boul. Bonne-Nouv.	K 4
Puits-l'Hermite.	12	Gracieuse.	du Battoir.	L 10	Regard (du).	10	des Vlles-Tuiler.	de Vaugirard.	G 9
Puits-de-Rome (passage et cour du).	6	des Gravilliers.	Pass. du Comm.	L 5-M 5	Regnard.	11	Place de l'Odéon.	de Condé.	I 6
Puits qui parle.	12	Sainte-Geneviève.	des Postes.	K 10	Regratière.	9	Quai d'Orléans.	Saint-Louis.	L 8
Putigneux (impasse des).	9	Geoffroy-l'Asnier.	près la rue de la Mortellerie.	L 7	Reims (de).	12	des Cholets.	des Sept-Voies.	K 9
Pyramides (des).	1	Saint-Honoré.	Place de Rivoli.		Reine-Blanche (de la).	12	Mouffetard.	des Foss.-St-Marc.	L 11-L 12
					Reine-de-Hongrie (pass. de la).	5	Montorgueil.	Montmartre.	K 5
Q.					Reine (cours de la).	1	Quai de Billy.	Place Louis XV.	D 5-F 5
					Rempart (Basse-du-).	1	Place de la Madel.	de la Ch.-d'Antin.	G 4-H 4
					Rempart (du).	2	Saint-Honoré.	de Richelieu.	H 5
					Rempart (du Chemin-du-).	1	de Surène.	Boul. de la Madel.	G 4
Quatre-Fils (des).	7	Vlle-r. du-Temple.	du Gr.-Chantier.	M 6	Renard (du).	5	Saint-Denis.	des Deux-Portes.	K 5-L 5
Quatre-Vents (des).	11	de Condé.	de Seine.	I 8	Renard (du).	7	de la Verrerie.	Neuve-St-Merri.	L 6-L 7
Quenouilles (des).	4	Quai de la Mégiss.	St-Germ.-l'Auxer.	K 7	Renault-le-Fèvre.	7	Place Baudoyer.	Marché-St-Jean.	L 7
Quiberon. V. Montpensier.					Reposoir (du Petit-).	3	Place des Victoires.	des Vieux-August.	I 5
Quincampoix.	6	Aubry-le-Boucher.	aux Ours.	L 6	Réservoirs (barrière des).	1	les Champs.		B 4
Quinze-Vingts (égl. des), succursale.	8	de Charenton.		O 8	Réservoirs (impasse des).	1	de Chaillot.	vis-à-vis le passage de la Pompe.	B 5-C 5
Quinze-Vingts (hospice des).	8	Idem.		O 8	Retiro (cour du).	1	St-Honoré.	de Surène.	F 4
Quinze-Vingts (passage des).	8	Saint-Honoré.	Saint-Louis.	H 6	Retiro (pass. de la cour du).	1	du F.-St-Honoré.	Idem.	F 4
Quinze-Vingts (quartier des).	8				Reuilly (barrière de).	8	de Reuilly.	le Grand-Puits.	R 11
Quinze-Vingts (des).	1	de Rivoli.	de Valois.	H 6	Reuilly (carrefour de).	8	Idem.	du F.-St-Antoine.	Q 8
					Reuilly (chemin de ronde de la barrière de).	8	Pet. r. de Reuilly.	Barr. de Picpus. p. la r. de Charent.	R 11-S 11
R.					Reuilly (impasse de).				Q 9
Racine.	11	Place de l'Odéon.	de la Harpe.	I 8	Reuilly (de).	8	Saint-Antoine.	Barr. de Reuilly.	Q 9-R 11
Radziwille (passage).	2	de Valois.	des Bons-Enfants.	I 6	Reuilly (Petite rue de).	8	de Charenton.	de Reuilly.	P 10-Q 9
Rambouillet (de).	8	de Bercy.	de Charenton.	O 10-P 10	Réunion (passage de la).	7	Saint-Martin.	du Maure.	L 6
Rameau.	2	de Richelieu.	Sainte-Anne.	H 4-I 5	Ribouté.	2	Bleue.	Pont-Montholon.	K 5

RUES, PLACES, PASSAGES, QUAIS, PONTS, etc.	Arrondiss.	TENANTS.	ABOUTISSANTS.	RENVOIS AU PLAN.	RUES, PLACES, PASSAGES, QUAIS, PONTS, etc.	Arrondiss.	TENANTS.	ABOUTISSANTS.	RENVOIS AU PLAN.
Richelieu (fontaine de).	2	de Richelieu.	Traversière.	H 5	Roule (chemin de ronde de la barrière du).	1	Barr. du Roule.	Barr. de Neuilly.	C 2-C 3
Richelieu (de).	2	Saint-Honoré.	Boul. Montmartre.	I 4-H 4	Roule (fontaine du).	1	près la rue de Mouceaux.		D 3
Richelieu (Neuve-de-).	11	Place Sorbonne.	de la Harpe.	I 9	Roule (quartier du).	1			
Richepanse.	1	Saint-Honoré.	Duphot.	G 4	Roule (du).	4	des Prouvaires.	Bétizy.	K 6
Richer.	2	du F.-Montmartre.	du F.-Poissonnière.	I 3-K 3	Roule (de Chartres.	4	de Chartres.	du F.-Roule.	C 2-D 2
Riom (barrière de). *Voyez* Ramponeau.					Roule (Croix du).	4	d'Angoulême.	Coquillière.	C 2-E 3
Rivoli (place de).	1	de Rivoli.		H 5	Roule (du Faubourg-du-).	1			I 5-K 5
Rivoli (de).	1	de Rohan.	Saint-Florentin.	G 5-H 6	Rousseau (Jean-Jacques-).	5	Montmartre.	de Sèvres.	F 8-F 9
Roch (église Saint-), cure.	2	Saint-Honoré.		H 5	Rousselet.	10	Plumet.	Allée des Veuves.	E 4
Roch (passage Saint-).	2	*Idem.*	d'Argenteuil.	H 5	Rousselet.	1	de Montaigne.		I 6
Roch (Neuve-Saint-).	2	*Idem.*	Neuve-des-Petits-Champs.	H 5	Royal (Palais-).	2	Saint-Honoré.		
Roch (Saint-).	3	du Gros-Chenet.	Poissonnière.	K 4	Royal (Pont-).	10	Palais des Tuiler.	du Bac.	G 6-H 6
Rochechouart (barrière de).	2	de Rochechouart.	Montmartre.	K 1	Royal (Musée).	4	au Louvre.		I 6
Rochechouart (chem. de ronde de la barrière de).		Barrière de Rochechouart.	Barr. des Martyrs.	I 1-K 1	Royale (Bibliothèque).	2	de Richelieu.		I 5
Rochefoucault.		Montholon.	Barr. Rochechouart.	K 1-K 3	Royale (Place).	8	Saint-Antoine.		N 7
Rochefoucault (la).	2	Saint-Lazare.	Barr. Montmartre.	H 2-I 1	Royal (place du Palais-).	2	Saint-Honoré.		I 6
Rocher (du).	1	de la Pépinière.	Bar. de Mouceaux.	F 2-G 3		4			
Rohan (cour de).	11	Impasse de la cour de Rohan.	Passage de la cour du Commerce.	I 8	Royale.	1	Place Louis XV.	Saint-Honoré.	F 5-G 4
Rohan (impasse de la cour de).	11	de l'Éperon.	vis-à-vis la rue du Jardinet.	I 8	Royale.	8	Saint-Antoine.	Place-Royale.	N 7-N 8
Rohan (passage de la cour de).	11	Cour de Commerce.	Impasse de la cour de Rohan.	I 8	Royale.	6	March. St-Martin.	Cour St-Martin.	L 5
Rohan-Rochefort (hôtel de).	10	de Varennes.		F 7	**S.**				
Rohan (de).	1	Saint-Honoré.	de Valois.	H 6	Sabin (impasse Saint-).	8	Saint-Sabin.	pr. la r. de la Roq.	O 7
Rohan.	11	du Jardinet.	Cour du Commerce.	I 8	Sabin (Saint-).	8	d'Aval.	du Chemin-Vert.	O 7
Roi (Jardin du).	12	du Jardin du Roi.	Place Walhubert.	L 10-M 10	Sabot (du).	10	du Four.	du Dragon.	H 8
Roi-de-Sicile.	7	Vlle. r. du Templ.	des Ballets.	M 7	Sabres (ruelle des Trois-).	6	Barr. de Reuilly.	de Bretagne.	R 11
Rolin-prend-Gage (impasse).	4	des Lavandières.	près la rue des Fourreurs.	K 6	Saintonge (de).	10	Boul. du Temple.	de Grenelle.	M 6-N 5
Romain (Saint-).	10	de Sèvres.			Saints-Pères (des).	11	Quai Voltaire.	vis-à-vis l'église.	G 8-H 8
Rome (impasse de).	6	Frépillon.	du Petit-Vaugirard.	F 9	Salembrière (impasse).	6	Saint-Séverin.	Saint-Magloire.	K 8
Rome (pass. de l'impasse de).	6	Frépillon.	vis-à-vis la rue Aumaire.	I 5	Salle-au-Comte.	9	aux Ours.	près le B. Bourd.	L 6
Rome (de).	1	de Stockholm.	Passage de Rome.	L 5-M 5	Salpêtres (cour des).	9	N.-de-la-Cerisaie.		N 8
Roquépine.	1	de la Ville-l'Évêq.	Place de l'Europe.	G 2	Sanhédrin (place du).	9	du Tourniquet-St-Jean.		L 7
Roquette (impasse de la).	8	de la Roquette.	d'Astorg.	F 3	Sanson.	5	des Marais.	de Bondy.	M 4
Roquette (de la).	8	Place St-Antoine.	pr. la rue Basfroid.	O 7-P 7	Santé (barrière de la).	12	ancien hôpital de la Santé.	(actuellement fermée).	I 13
Rosiers (des).	7	des Juifs.	de la Muette.	O 8-P 7	Santé (de la).	12	Ch. des Capucins.	Boul. St-Jacques.	I 11-I 12
Rotonde-du-Temple.	6	Marc. au v. Linge.	Vlle-r.-du-Temple.	M 5	Santé (impasse de la).	12	de la Santé.		I 11
Rotonde (de la).	6	Encl. du Temple.	de la Corderie.	M 5	Sartine (carré de la).	4	J.-J.-Rousseau.	de Grenelle.	I 5
Rouge (de la Boule-).	2	du F.-Montmartre.	Richer.	K 3	Sartine (de).	4	de Viarmes.	Coquillière.	I 5-I 6
Roule (abattoir du).	1	de Miromesnil.		E 3	Saucède (passage).	6	Bourg-l'Abbé.	Saint-Denis.	L 5
Roule (barrière du).	1	du F.-du-Roule.	Saint-Germain.	C 2	Saumon (passage du).	3	Montorgueil.	Montmartre.	K 5
					Saunerie (de la).	4	Q. de la Mégisserie.	St-Germ.-l'Auxer.	K 7
					Saunier (passage).	2	Richer.	Bleue.	K 3

RUES, PLACES, PASSAGES, QUAIS, PONTS, etc.	Arrondiss.	TENANTS.	ABOUTISSANTS.	RENVOIS AU PLAN.	RUES, PLACES, PASSAGES, QUAIS, PONTS, etc.	Arrondiss.	TENANTS.	ABOUTISSANTS.	RENVOIS AU PLAN.
Saussaie (Pont de la).	12	Poliveau.		N 10	Soleil-d'Or (passage du).	1	de la Pépinière.	du Rocher.	G 3
Saussayes (des).	1	du F.-St-Honoré.	de Surêne.	F 4	Soly.	3	des Vieux-August.	de la Jussienne.	I 5-K 5
Sauveur (Saint-).	5	Saint-Denis.	Montorgueil.	K 5-L 5	Sorbonne (place).	11	de Sorbonne.		I 9
Sauveur (Neuve-Saint-).	5	du Petit-Carreau.	Damiette.	K 4-K 5	Sorbonne (quartier de la).	11			
Savoie (de).	11	des Gr.-Augustins.	Pavée-St-André-des-Ars.	I 7-I 8	Sorbonne (de).	11	des Mathurins.	Pl. Sorbonne.	I 9-K 8
					Soubise (fontaine de).	6	du Chaume.	de Paradis.	M 6
Savonnerie (Manufacture roy. de la).	12	aux Gobelins.			Soufflot.	12	Saint-Jacques.	Pl. du Panthéon.	K 9
Savonnerie (de la).	6	Saint-Jacques-la-Boucherie.	de la Heaumerie.	K 7	Sourdière (de la).	2	Saint-Honoré.	de la Corderie.	H 5
					Sourdis (impasse).	4	des Fossés-Saint-Germ.-l'Auxer.	près la Place du Louvre.	I 6
Saxe (avenue de).	10	Place Fontenoy.	de Sèvres.	D 8-E 9	Sourds et Muets (Institution des).	12	Saint-Jacques.		I 10
Scipion (place de).	12	Rue de ce nom.	du Fer-à-Moulin.	L 11					
Scipion (de).	12	des Fr.-Bourgeois.	du Fer-à-Moulin.	L 11	Spire (Saint-).	5	Sainte-Foi.	des Filles-Dieu.	L 4
Sébastien (impasse Saint-).	8	Saint-Sébastien.	pr. la r. St-Pierre.	N 6-O 6	Stanislas.	11	Boul. du Mont-Parnasse.	N.-D.-d.-Champs.	G 10
Sébastien (Saint-).	8	Saint-Pierre.	de Popincourt.	N 6-O 6	Stockholm.	1	de Londres.	du Rocher.	
Ségur (avenue de).	10	Place Vauban.	Avenue de Saxe.	D 8-E 8					
Seine (de).	12	Quai St-Bernard.	du Jardin du Roi.	L 10-M 9	Sud (cimetière du).		Barrière du Mont-Parnasse.	Extra muros.	G 11
Seine (de).	10	Quai Malaquais.	du Petit-Bourbon.	H 7-I 8	Sud-Ouest (voirie de).	11	des Fourneaux.	Barr. des Fourn.	E 11
Séminaire Saint-Louis (caserne de Vétérans).	11	d'Enfer.		I 9	Suffren (avenue de).	10	Av. de Lowendal.	Quai d'Orsay.	B 7-D 9
					Suifs (marché aux).	12	de Pontoise.		L 8
Séminaire diocésain (Saint-Sulpice).	11	Pl. Saint-Sulpice.		H 8	Sully (rue).	9	Quai des Célestins.	de l'Arsenal.	M 8-N 9
					Sulpice (église Saint-).	11	Place St-Sulpice.		H 8
Séminaire (Petit-) Saint-Nicolas-du-Chardonnet.	12	rue Saint-Victor.			Sulpice (fontaine Saint-).	11	Place St-Sulpice.		H 8
Séminaire des Missions étrang.	10	rue du Bac.			Sulpice (Place Saint-).	11	en face l'église.		H 8
Sentier (du).	3	Saint-Roch.	Boul. Poissonnière.	K 4	Surène (de).	1	du Chemin-du-Rempart.	des Saussayes.	F 4-G 4
Sept-Voies (des).	12	St-Étien.-des-Grès.	Saint-Hilaire.	K 9					
Sépulcre. V. du Dragon.					**T.**				
Serpente.	11	de la Harpe.	Hautefeuille.	I 8-K 8					
Servandoni.	11	Palatine.	de Vaugirard.	H 8-H 9	Tabacs (Manufacture royale des).	10	Quai d'Orsay.	de l'Université.	D 6
Séverin (carrefour Saint-).	11	Saint-Jacques.	Saint-Séverin.	K 8					
Séverin (église Saint-).	11	Saint-Séverin.		K 8	Tabletterie (de la).	4	Vlle-Harengerie.	Saint-Denis.	K 6
Séverin (Saint-).	11	Saint-Jacques.	Saint-Séverin.	K 8	Tacherie (de la).	7	Jean-Pain-Mollet.	de la Coutellerie.	K 7-L 7
Séverin (passage Saint-).	11	des Prêtres.	de la Parcheminer.	K 8	Tachou (passage de l'hôtel).	9	(Supprimé).		
Séverin (Saint-).	11	de la Harpe.	Saint-Jacques.	K 8	Taille-Pain.	7	Brise-Miche.	du Cloît. St-Merri.	L 6
Séverin (des Prêtres-Saint-).	11	Saint-Séverin.	de la Parcheminer.	K 8	Taitbout.	2	de Provence.	Boul. des Italiens.	H 3-H 4
Sèvres (barrière de).					Tannerie (de la).	7	Place de l'Hôtel-de-Ville.	Planche-Mibray.	K 7-L 7
Sèvres (chemin de ronde de la barrière de).	10	Barr. de Sèvres.	Barrière des Paillassons.	D 9	Tannerie (de la Vieille-). V. de la Vieille-Place-aux-Veaux.	7			
Sèvres (de).	10	Carref. de la Croix-Rouge.	Barr. de Sèvres.	E 10-G 8	Tantale (fontaine de).	3	Place de la Pointe-Saint-Eustache.		K 6
Simon-Finet (ruelle de).	7	de la Tannerie.		L 7					
Simon-le-Franc.	7	Maubuée.	Sainte-Avoye.	L 6					
Singes (des).	7	des Blancs-Manteaux.	Ste-Croix-de-la-Bretonnerie.	M 7	Taranne.	10	des Saints-Pères.	Saint-Benoît.	H 7-H 8
					Taranne (Petite rue).	10	du Sabot.	de l'Égout.	H 8
Sœurs (cour des Deux-).	8	de Charonne.	pr. la r. de Lappe.	O 8	Teinturiers (des).	9	de la Vannerie.	de la Tannerie.	K 7
Sœurs (cour des Deux-).	2	du F.-Montmartre.	pr. la rue Buffault.	I 3	Temple (boulevard du).	6	des Filles-du-Calv.	du Temple.	N 5
Sœurs (impasse des).	12	des Fr.-Bourgeois.	pr. la rue Scipion.	L 11					

RUES, PLACES, PASSAGES, QUAIS, PONTS, etc.	Arrondiss.	TENANTS.	ABOUTISSANTS.	RENVOIS AU PLAN.	RUES, PLACES, PASSAGES, QUAIS, PONTS, etc.	Arrondiss.	TENANTS.	ABOUTISSANTS.	RENVOIS AU PLAN.
Temple (fontaine du).	6	du Temple.	près la rue de Vendôme.	M 5	Touraine (de) Saint-Germain.	11	de l'Éc.-de-Méd.	de Poitou.	I 8
					Touraine (de) au Marais.	7	du Perche.	de Poitou.	M 6
Temple (quartier du).	6				Tournelle (pont de la).	9	des Deux-Ponts.	Quai de la Tourn.	L 8
Temple (des Fossés du).	6	du F.-du-Temple.	de Ménilmontant.	N 5-N 6	Tournelle (port de la).	12	Quai de la Tourn.		L 8
Temple (du).	7	des Audriettes.	Boul. du Temple.	M 5-M 6	Tournelle (quai de la).	12	de la Tournelle.	des Foss.-St-Bern.	L 8-L 9
Temple (du Faubourg-du-).	5	Boul. du Temple.	B. de Belleville.	N 4-O 4	Tournelle (de la).	12	de Bièvre.	de Pontoise.	L 8
	6				Tournelles (fontaine des).	8	des Tournelles.	Saint-Antoine.	N 8
Temple (Vieille rue du).	7	Saint-Antoine.	Saint-Louis.	L 7-N 6	Tournelles (des).	8	Neuve-St-Gilles.	Idem.	N 7-N 8
	8				Tourniquet (du).	9	du Monceau.	Cloître St-Jean.	L 7
Terres-Fortes (des).	8	de la Contrescarpe.	Moreau.	N 8-O 9	Tournon (de).	11	de Seine.	de Vaugirard.	I 8-I 9
Tessé (hôtel).	10	de Varennes.		F 7	Tourville (avenue).	10	Aven. de la Motte-Piquet.	Boul. des Invalides.	D 8-E 8
Thabor (du Mont-).	1	de Mondovi.	d'Alger.	G 5	Tracy (de).	6	du Ponceau.	Saint-Denis.	L 4
Théologie, Sciences et Lettres (Faculté de).	11	à la Sorbonne.		I 9	Trainée.	3	de la Fromagerie.	Pl. St-Eustache.	K 6
Thérèse.	2	Ventadour.	Sainte-Anne.	H 5	Transnonain.	6	Aumaire.	Grenier-St-Lazare.	L 5-L 6
Thermes (restes de l'ancien palais des).					Trahoir (fontaine du).	7 4	au coin de la rue de l'Arbre-Sec.		I 6
Thévenot.	5	de la Harpe.		K 8	Traverse.	10	de Sèvres.	Plumet.	F 8-F 9
Thibault-aux-Dez.	4	du Petit-Carreau.	Saint-Denis.	K 5-L 5	Traversière.	2	de Richelieu.	Saint-Honoré.	H 5
Thionville (Place).	11	St-Germ.-l'Auxer.	des Deux-Boules.	K 6-K 7	Traversière-Saint-Honoré.	8	du F.-St-Antoine.	Quai de la Râpée.	N 10-O 8
Thionville. V. Dauphine.		du Harlay.	Pl. de Henri IV.	I 5	Traversière-Saint-Antoine.	12	d'Arras.	de la Montag.-Ste-Geneviève.	K 9-L 9
Thiroux.	1	Neuve-des-Math.	Saint-Nicolas.	G 5	Traversine.				
Thomas-d'Aquin (église St-).	10	Pl. Saint-Thomas-d'Aquin.		G 7	Treille (impasse de la).	4	Chilpéric.	près l'église Saint-Germ.-l'Auxer.	I 6
Thomas-d'Aquin (Place St-).	10	en face l'église.		G 7	Treille (passage de la).	11	Mar.-St-Germain.	des Boucheries.	H 8-I 8
Thomas - d'Aquin (quartier Saint-).	10				Treille (passage de l'impasse de la).	4	Chilpéric.	des Fossés - Saint-Germ.-l'Auxer.	I 6
Thomas-d'Aquin (Saint-).	10	St-Dominique.	Place St-Thomas-d'Aquin.	G 7	Trévise (de).	2	Richer.	Bleue.	K 5
Thomas (Saint-).	11	d'Enfer.	Saint-Jacques.	I 9	Trinité (enclos de la).	6	Grenetat.	Saint-Denis.	L 5
Thomas du Louvre.	1	Pl. du Pal.-Royal.	Galerie du Louvre.	H 6	Trinité (passage de la).	6	Saint-Denis.	Grenetat.	L 5
Thorigny.	8	du Parc-Royal.	Saint-Anastase.	M 6	Triomphes (avenue des).	8	Place du Trône.	Chemin de ronde.	R 9-S 8
Thouars (du Petit-).	6	du Temple.	Marché du Temple.	M 5	Triperet.	12	Gracieuse.	de la Clef.	L 10
Timbre extraordinaire (hôtel de l'administration du).	1	de la Paix.		H 4	Triperie (de la).		fait partie de la Pl. du Châtelet.		
Tiquetonne.	5	Montmartre.	Montorgueil.	K 5	Triperie (du pont de la).	10	de la Pompe.	Quai d'Orsay.	C 6-D 6
Tirechappe.	4	Bétizy.	Saint-Honoré.	K 6	Triperie des Invalides (de la).	10	de l'Université.	Entrepôt du Gros-Caillou.	D 6
Tiron.	7	Saint-Antoine.	du Roi-de-Sicile.	M 7	Trognon.	6	d'Avignon.	de la Heaumerie.	K 7
Tixeranderie (de la).	7 9	de la Poterie.	Place Beaudoyer.	L 7	Trône (barrière du).	8	du F.-St-Antoine.	Vincennes.	S 9
Tivoli (Jardin de).	4	de Clichy.	Blanche.	G-H 1	Trône (chemin de ronde de la barrière du).				
Tivoli (passsage de).	1	Saint-Lazare.	Place de Tivoli.	G 3	Trône (du).	8	Barr. du Trône.	Bar. de Montreuil.	S 8-S 9
Tivoli (de).	1	de Clichy.	Place de Tivoli.	G 2	Trône (Place du).	8	Barr. du Trône.		R 9
Tonnellerie (de la).	4	Saint-Honoré.	de la Fromagerie.	K 6	Troussevache, actuellement la Reynie.				
Tour (de la).	6	du F.-du-Temple.	Folie-Méricourt.	N 5	Trouvée.	6	Saint-Denis.	des 5 Diamants.	K 6
Tour-d'Auvergne (de la).	2	des Martyrs.	Rochefoucault.	I 2-K 2	Truanderie (de la Grande).	8	de Charenton.	Marché-Beauveau.	O 9
Tour-des-Dames.	2	Blanche.	idem.	H 2		5	Montorgueil.	Saint-Denis.	K 5-K 6

RUES, PLACES, PASSAGES,	Arrondiss.	TENANTS.	ABOUTISSANTS.	RENVOIS AU PLAN.	RUES, PLACES, PASSAGES,	Arrondiss.	TENANTS.	ABOUTISSANTS.	RENVOIS AU PLAN.
Truanderie (de la Petite).	5	Mondétour.	de la Gr.-Truanderie.	K 6	Vauban (fontaine de).	10	derr. les Invalides.	Ferd. Berthoud.	E 8
Trudon.	1	Boudreau.	Neuve-des-Mathurins.	G 5	Vaucanson.	6	Conté.	Saint-Thomas-du-Louvre.	L 5
Tuerie (de la).	7	(fermée).		K 7	Vaudeville (théâtre du).	1	de Chartres.		H 6
Tuileries (cour du Palais des).	1	Arc-de-Triomphe.	Palais des Tuileries.	H 6	Vaugirard (barrière de).	10	de Vaugirard.	Bell., Meudon.	E 10
Tuileries (impas. des Vieilles-).	10	des Vieilles-Tuileries.	vis-à-vis la rue Ste-Placide.	G 9	Vaugirard (chemin de ronde de la barrière).	10	Bar. de Vaugirard.	Extra muros.	E 10
Tuileries (Jardin des).	1	Pal. des Tuileries.		G 5-H 6	Vaugirard (cimetière de).	10	Bar. de Vaugirard.		E 4
Tuileries (Palais des).	1	Quai des Tuileries.	de Rivoli.	H 5	Vaugirard (de).	10	des F.-Bourgeois.	Bar. de Vaugirard.	E 10-L 9
Tuileries (quai des).	1	Pont-Royal.	Pont Louis XVI.	F 5-H 6	Vaugirard (du Petit-).	10	de Bagneux.		F 9-F 10
Tuileries (quartier des).	1				Vavin.	11	N.-D.-des-Champs.	de l'Ouest.	H 10
Tuileries (des Vieilles-).	10	du Regard.	Bagneux.	G 9	Veaux (Halle-aux-).	12	de Poissy.	de Pontoise.	L 8
Turenne. V. Saint-Louis.	8				Veaux (Place aux).	12	Q. de la Tournelle.		L 8
Turgot.	2	de Rochechouart.	avenue Trudaine.		Veaux (de la Vieille-Pl.-aux-).	7	Planche-Mibray.	St-Jacq.-la-Bouch.	K 7
					Vendeuil (passage).	6	(supprimé).		
U.					Vendôme (Place).	1	Saint-Honoré.	de la Paix.	G 5-H 5
Ulm (d').	12	des Ursulines.	Vieille-Estrapade.	K 10	Vendôme (de).	6	du Temple.	Charlot.	M 5-N 5
Université (palais de l').	10	de l'Université.		F 6	Vendôme (quart. de la Place).	2			
Université (de l').	10	des Saints-Pères.	Pont des Invalides.	E 6-H 7	Vendôme (de la Place). Voyez Louis-le-Grand.	1			
Ursins (Basse-des-).	9	des Chantres.	Glatigny.	K 7-L 8	Vénériens (hôpital des).	12	ch. des Capucins.		I 11
Ursins (Haute-des-).	9	de Glatigny.	Saint-Landry.	K 7	Venise (impasse de).	6	Quincampoix.	vis-à-vis la rue Venise.	K 6 L 6
Ursins (Milieu-des-).	9	Quai de la Cité.	Haute-des-Ursins.	K 7	Venise (passage de).	6		Impasse de Venise.	K 6 L 6
Ursulines.	12	Saint-Jacques.	d'Ulm.	I 10-K 10	Venise (de).	6	Saint-Martin.	Cour Batave.	L 6
Usine royale d'éclairage.	2	Beauregard.		I 2	Ventadour.	2		Neuve-des-Petits-Champs.	H 5
V.								Thérèse.	
Vaccination (hôp. centr. de).	11	du Battoir.		I 8	Vents (passage des Quatre-).	11	(supprimé).		
Val-de-Grâce (hôpital du).	12	Saint-Jacques.		I 11	Vents (impasse des Quatre-).	2	des Quatre-Vents.	du Brave.	I 8
Val-de-Grâce (du).	12	d'Enfer.	Saint-Jacques.	I 10	Verdelot.	3	Coq-Héron.	J.-J.-Rousseau.	K 5
Valère (église Sainte-), succ.	10	de Grenelle.		E 7	Verderet.	5	de la Gr.-Truanderie.		K 5-K 6
Valmy (quai de).	6, 9	Place St-Antoine.	Barr. de Pantin.	N. 4.-2-3.-4-5-6-7.	Verneuil (de).	10	de Poitiers.	des Saints-Pères.	G 7-H 7
Valois.	1	Saint-Honoré.	de Rohan.	H 6-I 6	Verrerie (de la).	7	Saint-Martin.	Marché-St-Jean.	L 6-L 7
Valois (de).	1	de Courcelles.	du Rocher.	D 5-F 2	Versailles (impasse de).	12	Traversine.	vis-à-vis la rue de Versailles.	L 9
Valois (de).	2	Saint-Honoré.	Beaujolais.	I 5-I 6	Versailles (de).	12	Traversine.	Saint-Victor.	L 9
Vanneau.	10	de Babylone.	de Varennes.	F 8	Vert-Bois (du).	6	Saint-Martin.	du Pont-aux-Biches.	L 5 M 5
Vannerie (de la).	7	Planche-Mibray.	Place de l'Hôtel-de-Ville.	K 7-I 7	Vert-Buisson (du).	10	de l'Université.	Quai d'Orsay.	C 6
Vannes (place Saint-).	6	rue Conté.		L 5	Verte (Grande rue).	1	du F.-St-Honoré.	de la Ville-l'Évêq.	E 3-F 3
Vannes (de).	4	de Viarmes.	des Deux-Écus.	I 6-K 6	Verte (Petite rue).	1	du F.-St-Honoré.	Verte.	F 3-E 4
Vannes (Saint-). V. Comté.	6	Vaucanson.	Montgolfier.		Verte (caserne de la rue).	1			E 3
Varennes (de).	4	des Deux-Écus.	de Viarmes.	I 6	Verte.	5	du Chât.-Landon.	des Vertus.	N 1
Varennes (de).	10	du Bac.	Barr. des Invalides.	E 7 G 8	Vertus (barrière des).				
Variétés (passage des).	2	Saint-Honoré.	Palais-Royal.	H 5-H 6	Vertus (chemin de ronde de la barrière des).	5	Barr. des Vertus.	Barr. St-Denis.	M 1-N 1
Variétés (théâtre des).	2	Boul. Montmartre.		I 4					
Vase (fontaine du).	4	Place de l'École.		I 6					

RUES, PLACES, PASSAGES,	Arrondiss.	TENANTS.	ABOUTISSANTS.	RENVOIS AU PLAN.	RUES, PLACES, PASSAGES,	Arrondiss.	TENANTS.	ABOUTISSANTS.	RENVOIS AU PLAN.
Vertus (des).	6	des Gravilliers.	Phelipeaux.	M 5	Vincent-de-Paule (église St-), succursale.	2	Montholon.		K 3
Veuves (allée des).	1	Cours-la-Reine.	de Matignon.	D 5-E 4	Vincent-de-Paule (Saint-).	11	du Bac.	Place St-Thomas d'Aquin.	G 7
Viande (halle à la).	4			K 6	Vingt-Neuf-Juillet (du).	1	de Rivoli.	Saint-Honoré.	H 5
Viarmes (de).	4	Pourtour ext. de la Halle-au-Blé.		I 6-K 6	Vins (Halle aux).	12	Quai St-Bernard.		M 9
Victoire (fontaine de la).	2	Place du Châtelet.		K 7	Vivienne.	2	Neuve-des-Petits-Champs.	Boul. Montmartre.	I 4-I 5
Victoire (de la). V. Chanteraine.					Voie-Creuse (de la). V. des Cornes.	3			
Victoires (église N.-D.-des-).	3	Pl. des Pet.-Pères.		I 5	Voirie (de la).	5	Château-Landon.	de la Chapelle.	M 1
Victoire (fontaine de la).	3	Passag. des Petits-Pères.	au coin de la rue Notre-Dame-des-Victoires.	I 5	Voirie (de la).	1	la Maison-Neuve.	des Grésillons.	F 3
Victoires (Place des).	4	Croix-des-Petits-Champs.		I 5	Voirie (de la).	8	Popincourt.	Ménilmontant.	O 5
					Voirie (de la Petite-).	1	Maison-Neuve.	de la Bienfaisance.	F 3
Victor (carrefour Saint-).	12	des Fossés-Saint-Victor.	des Fossés-Saint-Bernard.	L 9	Voirie (de l'Est).	1	de la Petite-Voirie.	Ménilmontant.	O 5
Victor (Saint-).	12	Place Maubert.	Copeau.	K 9-L 10	Voirie (du Nord-Est).	5	Château-Landon.	du Chemin-de-la-Chapelle.	M 1
Victor (des Fossés-Saint-).	12	Saint-Victor.	Fourcy.	K 10-L 9	Voirie (du Nord-Ouest).	1	de la Voirie.	des Grésillons.	F 3
Vide-Gousset.	3	Pl. des Victoires.	du Mail.	I 5	Voirie (du Sud-Ouest).	11	rue et barrière des Fourneaux.		E 10
Vieux-Linge (Halle au).	6	du Temple.		M 5	Voirie (de Monfaucon).			Extrà muros.	O 2
Vigan (passage du).	4	des Vieux-Augustins.	des Fossés-Montmartre.	K 5	Volaille et au Gibier (Marché à la).	11	Quai des August.	Barr. du Combat.	
Vierge (de la).	10	de l'Université.	St-Dominique.	C 6-D 6	Voltaire (quai).	10	Pont-Royal.	des Gr.-Augustins.	I 7
Vignes (impasse des).	12	des Postes.	vis-à-vis la rue du Pot-de-Fer.	K 10	Voltaire.	11	de M.-le-Prince.	des Saints-Pères. Place de l'Odéon.	H 6-H 7 / I 8
Vignes (des).	12	du Banquier.	Boul. de l'Hôpital.	L 12	Vosges(Place des). V. Royale.				
Vignes (des).	1	Gr. r. de Chaillot.	Avenue de Neuilly.	C 4	Vrillière (de la).	4	de la Feuillade.	Croix-des-Petits-Champs	I 5
Villars (avenue	10	Place Vauban.	Boul. des Invalides.	E 8	Vrillière (Petite rue de la).	4	de la Vrillière.	Place des Victoires.	I 5
Villars (hospice	10	du Regard.		G 9					
Villedot.	2	Sainte-Anne.	de Richelieu.	H 5	**W.**				
Ville (Bibliothèque de la).	9	Pl. du Sanhédrin.	Hôtel-de-Ville.	L 7					
Ville (Hôtel-de-).	9	Place de l'Hôtel-de-Ville.		L 7	Walhubert (place de).	12	Pont du Jardin-du-Roi.		N 10
Ville-l'Évêque (carref. de la).	1	de la Ville-l'Évêq.	des Saussayes.	F 4	Washington (place de). V. de l'Oratoire.				
Ville-l'Évêque (passage de la).	1	de Surène.	de l'Arcade.	G 4	Wauxhall (bal du).	5	Samson.		I 6
Ville-l'Évêque (de la).	1	de l'Arcade.	de la Pépinière.	F 3-G 4	Wauxhall (passage du). V. rue Samson.	5			M 4
Villefosse.	5	de la Chopinette.	Barr. du combat.	N 1-2	Wertingen. V. de Furstemberg.	10			
Villejuif (abattoir de).	12	Barrière d'Ivry.		M 12					
Villejuif (de).	12	de l'Hôpital-génér.	Barrière des Gobelins.	M 12	**Z.**				
Villette (barrière de la).	5	la Villette.	Canal de l'Ourcq.	N 1	Zacharie (passage).	11	Zacharie.	Saint-Severin.	K 8
Villette (chemin de ronde de la barrière de la).	5	Barr. de la Villette.	Barr. des Vertus.	N 1	Zacharie.	11	Saint-Severin.	de la Huchette.	K 8
Villiot.	8	Quai de la Rapée.	de Bercy.	O 10					
Vinaigriers (des).	5	du F.-St-Martin.	de Carême-Pren.	M 3-N 3					
Vincennes (avenue de).	8	Bar. de Vincennes.	Place du Trône.	R 9					
Vincennes (barrière de). V. du Trône.	8			S 9					

NOMS DES RUES, PLACES, PONTS ET QUAIS

CHANGÉS SOUS LA RESTAURATION

ET

NOUVEAUX NOMS DONNÉS DEPUIS LA RÉVOLUTION DE 1830.

Nota. L'astérisque * indique que le nom a été repris; les deux ** désignent ceux donnés par la révolution de 1830.

PLACES.

* Concorde, *voyez* Louis XV ou Louis XVI, 1er arrondis. ainsi nommée en mémoire de l'union des Français.

Desaix, *voyez* Dauphine, 11e arrondissement; en mémoire du général mort à la bataille de Marengo.

** Lafayette, rue du Faub.-Poissonnière, 3e arrondissement; en l'honneur du général Lafayette.

Marengo, *voyez* Oratoire (de l'), 4e arrondissement; en mémoire de la bataille gagnée par Bonaparte sur les Autrichiens (1800).

** Pologne (de la), rues de l'Arcade et Saint-Lazare, 2e arrondissement; en mémoire de la résistance de la nation polonaise aux armées russes en 1831.

Panthéon (du), *voyez* Geneviève (Sainte-), 12e arrondissement.

PONTS.

** Arcole (d') *voyez* Hôtel-de-Ville (de l'), 9e arrondissement; en mémoire d'un jeune citoyen, nommé Arcole, qui, le 28 juillet 1830, à l'attaque de l'Hôtel-de-Ville, vint placer, malgré le feu des Suisses, l'étendard tricolore sur l'arcade au milieu du pont, et périt percé de plusieurs balles.

Austerlitz (d'), *voyez* Jardin du Roi (du), 8e et 12e arrondissements; en mémoire de la bataille gagnée sur les Autrichiens et les Russes, le 2 décembre 1805.

* Concorde (de la) *voyez* Louis XVI, 1er et 10e arrondissements.

* Iéna, *voyez* Invalides, 1er et 10e arrondissements; en mémoire de la bataille gagnée sur les Prussiens, le 14 octobre 1806.

QUAIS.

Bonaparte, *voyez* Orsay (d'), 10e arrondissement.

Catinat, *voyez* Archevêché (de l'), 9e arrondissement; Napoléon, qui honorait toutes les renommées, fit donner à ce quai, terminé en 1813, le nom du vainqueur de Staffarde et de la Marsaille.

** Jemmapes, sur le canal, entre les rues du Faubourg-du-Temple et Grange-aux-Belles; en mémoire de la bataille gagnée sur les Autrichiens, le 7 novembre 1792.

* Liberté (de la), sur le canal, entre les rues du Faubourg-du-Temple et d'Angoulême; en mémoire des trois jours (1830).

Monnaie (de la), *voyez* Conti, 10e arrondissement.

Montebello, *voyez* Michel (Saint-), 11e arrondissement; en mémoire du maréchal Lannes, duc de Montebello.

Napoléon, *voyez* Cité (de la), 9e arrondissement.

Union (de l'), *voyez* Anjou (d') et Bourbon, 9e arrondissement; ces deux quais furent réunis sous un seul nom de 1792 à 1815.

** Valmy, sur le canal; en mémoire de la bataille gagnée sur les alliés au mois de septembre 1793.

RUES.

Abbaye (de l'), *voyez* Bourbon-le-Château, 10e arrondissement.

Abbaye (Neuve de l'), *voyez* Abbaye, 10e arrondissement.

Aboukir (d'), *voyez* Bourbon-Villeneuve, 5e arrondissement; en mémoire de la bataille gagnée sur les Turcs (1799).

Alpes (des), *voyez* Beaujolais, 6e arrondissement; en mémoire du passage des Alpes par l'armée française (1800).

Arcole (d'), *voyez* Beaujolais, 2e arrondissement; en mémoire de la bataille gagnée sur les Autrichiens (15 novembre 1796).

Batave, *voyez* Valois-St-Honoré, 1er arrondissement; en mémoire de la réédification de la république Batave (Hollande), 1795.

* Benjamin-Constant, *voyez* Comtesse-d'Artois, 3e et 5e arrondissements; en mémoire de la constance de ce courageux écrivain à défendre les intérêts du peuple.

Bonaparte, *voyez* Germain-des-Prés (Saint-), 10e arrondissement; percée sous le consulat, Bonaparte lui donna son nom.

Cisalpine, *voyez* Valois-du-Roule, 1er arrondissement; en mémoire de la fédération de la république Cisalpine, depuis royaume d'Italie, maintenant royaume Lombardo-Vénitien.

Concorde (de la), *voyez* Royale, 1er arrondissement; en mémoire de l'union des Français.

Convention (de la), *voyez* Dauphin (du), 1er arrondissement; ainsi nommée parce qu'elle conduisait au manége où la Convention nationale tenait ses séances.

Durnstein, *voyez* (Échaudé de l'), 10e arrondissement; en mémoire de la victoire remportée sur les Autrichiens (11 novembre 1805.)

Fréjus (de), *voyez* Monsieur, 10e arrondissement; nom du port où les Français débarquèrent à leur retour d'Égypte.

Guntzbourg, *voyez* Cardinale, 10e arrondissement; en mémoire du combat de Guntzbourg, où les Autrichiens furent battus (1805).

Helvétius, *voyez* Anne (Sainte-), 2e arrondissement; en l'honneur du célèbre auteur du livre de l'*Esprit*.

Hoche, *voyez* Beaujolais-St-Honoré, 1er arrondissement; en l'honneur du célèbre pacificateur de la Vendée.

Impériale, *voyez* Carrousel (du), 1er arrondissement.

Jacobins (des), *voyez* Marché St-Honoré (du), 2e arrondissement; elle doit son nom au couvent des Jacobins, sur l'emplacement duquel elle a été percée.

Jardin des Plantes (du), *voyez* Jardin du Roi, 12e arrondissement.

** Laffitte, *voyez* Artois (d'), 2e arrondissement; en l'honneur du citoyen qui sacrifia sa fortune et exposa ses jours pour le succès de la révolution de 1830.

** Lafayette, *voyez* Charles X, 5ᵉ arrondissement; en l'honneur du patriarche de la liberté.

* Lille (de), *voyez* Bourbon, 10ᵉ arrondissement; en mémoire de l'héroïque défense de la ville de ce nom, bombardée par les Autrichiens (22 sept. au 8 oct. 1792).

Lion (continuation de la rue du Petit-), *voyez* Bourbon (du Petit-), 11ᵉ arrondissement.

Lycée (du), *voyez* Valois-du-Palais, 2ᵉ arrondissement; la réunion du Lycée (aujourd'hui Athénée), qui tient encore ses séances au nº 2, lui a donné son nom.

Magdebourg, quai de Billy, 1ᵉʳ arrondissement; en mémoire de la prise de Magdebourg, le 8 novembre 1806.

Mantoue (de), *voyez* Chartres-du-Roule, 1ᵉʳ arrondissement; en mémoire de la prise de Mantoue, en 1797, par l'armée commandée par Bonaparte.

Mably, *voyez* Enghien (d'), 3ᵉ arrondissement; en l'honneur de l'abbé Mably.

Marceau, *voyez* Rohan, 1ᵉʳ arrondissement; en l'honneur d'un des braves généraux de l'armée française.

Mont-Blanc (de), *voyez* Chaussée-d'Antin (de la), 2ᵉ arrondissement; en mémoire de la réunion à la France de cette partie des Alpes, sous le nom de département du Mont-Blanc.

Napoléon, *voyez* Paix (de la), 1ᵉʳ arrondissement.

Parc-National (du), *voyez* Parc-Royal (du), 2ᵉ arrondissement.

Quiberon, *voyez* Montpensier, 2ᵉ arrondissement, en mémoire de la défaite des Vendéens (29 juillet 1795).

Thionville, *voyez* Dauphine, 10ᵉ et 11ᵉ arrondissements, en mémoire de l'héroïque résistance de cette ville à l'armée prussienne (1792).

Turenne, *voyez* Louis (Saint-), 8ᵉ arrondissement.

Union (de l'), *voyez* Angoulême (d'), 1ᵉʳ arrondissement.

** Vanneau, *voyez* Mademoiselle, 10ᵉ arrondissement; en mémoire d'un brave élève de l'école Polytechnique, mort à la prise de la caserne de Babylone (29 juillet 1830.)

Vendôme (de la Place), *voyez* Louis-le-Grand, 1ᵉʳ arrondissement.

Victoire (de la), *voyez* Chantereine, 2ᵉ arrondissement ainsi nommée, parce qu'à son retour d'Égypte, Bonaparte logea dans une maison de cette rue.

* Vingt-neuf juillet (du), *voyez* Duc de Bordeaux (du); en mémoire de la prise des Tuileries sur les troupes de Charles X (1830).

Vosges (des) *voyez* Royale, 8ᵉ arrondissement.

Wertingen, *voyez* Furstemberg, 10ᵉ arrondissement; en mémoire d'un combat où les Autrichiens furent battus complétement (8 octob. 1805).

GOUVERNEMENT.

ADMINISTRATION DE LA VILLE DE PARIS.

Paris, capitale du royaume, est le siége du gouvernement, la résidence ordinaire du souverain, des ministères et des principales administrations publiques.

Le roi habite le château des Tuileries.

CONSEIL DES MINISTRES.

Il se compose des ministres secrétaires-d'état, qui se rassemblent, ou devant le roi, ou sous la présidence d'un ministre nommé à cet effet. Il délibère sur les matières de haute administration, sur la législation administrative, sur tout ce qui tient à la police générale, à la sûreté du royaume et du trône, au maintien de l'autorité royale.

CONSEIL PRIVÉ.

Il ne s'assemble que sur convocation spéciale, et faite d'après les ordres du roi ; le nombre des membres de ce conseil est illimité ; il ne discute que les affaires qui lui sont spécialement soumises.

CONSEIL D'ÉTAT [1].

Il se compose de toutes les personnes auxquelles il a plu au roi de conférer le titre de conseiller d'état ou celui de maître des requêtes, soit en service ordinaire, en service extraordinaire ou honoraire. Les membres composant le service ordinaire sont répartis en six comités, savoir : les comités de législation, du contentieux, de l'intérieur et du commerce, des finances, de la guerre, de la marine et des colonies. Le conseil d'état délibère sur tous projets de loi ou ordonnances portant règlement d'administration publique, qui lui sont renvoyés par les ministres ; il est pré-

---

[1] Il tient ses séances rue Saint-Dominique-Saint-Germain, n° 58. Elles sont publiques pour le jugement des affaires contentieuses.

Le Comité de Législation et de Justice administrative s'assemble rue Saint-Dominique, n° 58.

Le Comité de l'Intérieur et du Commerce s'assemble rue de Grenelle-Saint-Germain, n° 105.

Le Comité de la Guerre et de la Marine s'assemble rue de l'Université, n° 64, et le Comité des Finances s'assemble rue de Rivoli, n° 48.

sidé par le roi, par le président du conseil des ministres ou par le garde-des-sceaux.

CHAMBRE DES PAIRS.

Au palais du Luxembourg.

La chambre des pairs est une portion essentielle de la puissance législative. Elle est convoquée par le roi en même temps que la chambre des députés des départements. La session de l'une commence et finit en même temps que celle de l'autre. La nomination des pairs de France appartient au roi, qui ne peut les choisir que dans les notabilités désignées dans l'article 23 de la Charte de 1830.

Le nombre des pairs est illimité. Leur dignité est conférée à vie et n'est pas transmissible par droit d'hérédité. Les pairs ont entrée dans la chambre à vingt-cinq ans, et voix délibérative à trente ans seulement.

La chambre des pairs connaît des crimes de haute trahison et des attentats à la sûreté de l'état.

CHAMBRE DES DÉPUTÉS DES DÉPARTEMENTS.

Au palais Bourbon.

La chambre des députés est composée de 459 députés élus par les colléges électoraux. Chaque département a un nombre de députés déterminé d'après sa population.

Les députés sont élus pour cinq ans, et la chambre est renouvelée intégralement. Aucun député ne peut être admis dans la chambre, s'il n'est âgé de trente ans, et s'il ne paie une contribution directe de 500 francs. Le président est nommé par le roi, sur une liste de cinq membres présentée par la chambre. Le roi convoque chaque année la chambre ; il la proroge et peut la dissoudre; mais, dans ce cas, il doit en convoquer une nouvelle dans le délai de trois mois.

MINISTÈRE DE L'INTÉRIEUR.

Rue de Grenelle-Saint-Germain, n° 101.

Le ministre donne des audiences lorsqu'on en fait la demande par écrit, en désignant l'objet dont on désire l'entretenir. Les directeurs donnent également des audiences.

Les chefs de division reçoivent les jeudis de deux à quatre heures.

On entre à la division de la comptabilité, pour retirer les lettres d'avis de paiement, les lundis et jeudis, de midi à trois heures.

Attributions. — Le personnel des préfets, sous-préfets et maires, des membres des conseils généraux, conseils d'arrondissement, conseils municipaux et autres fonctionnaires ; l'exécution des lois et règlements en matière de police administrative, la surveillance des passeports, ports d'armes, etc. ; l'organisation et l'administration des gardes nationales; les sapeurs-pompiers, le recrutement, la garde municipale, et autres affaires militaires dans lesquelles intervient l'autorité civile ; les journaux et feuilles périodiques, les contraventions aux lois et règlements relatifs aux publications par la voie de la presse ou par tout autre moyen.

MINISTÈRE DU COMMERCE ET DES TRAVAUX PUBLICS.

Rue de Varenne, n° 26. — Bureaux, rue de Grenelle-Saint-Germain, n° 105.

Le ministre donne des audiences lorsqu'on en fait la demande par écrit en indiquant l'objet dont on désire l'entretenir. Le secrétaire reçoit les lundis, de dix heures à midi, et les chefs de division les lundis et jeudis de deux à quatre heures.

Attributions. — L'administration départementale et communale, les hospices, les institutions de bienfaisance et d'utilité publique, les prisons, etc., les ponts-et-chaussées, les travaux d'agriculture, le conseil des bâtiments civils, la navigation, les ports de commerce, les mines et les lignes télégraphiques; l'administration générale du commerce et des manufactures, les établissements d'arts et métiers, la délivrance des brevets d'invention, les règlements relatifs aux professions industrielles et les encouragements à l'agriculture, les écoles vétérinaires, défrichements et dessèchements; les établissements scientifiques, littéraires et des beaux-arts; les théâtres, bibliothèques; les journaux, imprimerie et librairie; les subsistances, l'importation et l'exportation des grains, les règlements de boulangerie, boucherie, etc.; les haras et dépôts d'étalons; la comptabilité des fonds alloués au budget pour ces divers services.

MINISTÈRE DE LA GUERRE.

Rue Saint-Dominique, n° 86.

Le ministre donne des audiences particulières lorsqu'on lui en fait la demande par écrit, en indiquant l'objet dont on veut l'entretenir.

Les bureaux sont ouverts les premier et troisième mercredis de chaque mois, de deux à quatre heures.

Attributions. — La correspondance avec les autorités civiles et militaires, pour tout ce qui concerne la sûreté de l'état; le mouvement des troupes, la police militaire, les manufactures d'armes, poudres et salpêtres, l'habillement et l'armement des troupes, les fortifications, les casernes et établissements militaires, les hôpitaux militaires, l'hôtel royal des Invalides, etc., etc.

MINISTÈRE DES AFFAIRES ÉTRANGÈRES.

Boulevard des Capucines.

Le ministre donne des audiences particulières, lorsqu'on lui en fait la demande par écrit, en indiquant l'objet dont on veut l'entretenir.

Le bureau des passe-ports est ouvert au public tous les jours de la semaine, de dix à cinq heures.

Attributions. — La correspondance avec les puissances étrangères; le maintien et l'exécution des traités et conventions politiques et de commerce; les ambassadeurs, chargés d'affaires et consuls.

MINISTÈRE DE LA MARINE ET DES COLONIES.

Rue Royale, n° 2.

Le ministre donne des audiences particulières, sur la demande qui lui en est faite par lettre indiquant l'objet dont on veut l'entretenir.

Attributions. — Les ports et arsenaux, les chiourmes,

le mouvement des forces navales, les subsistances de la marine, la direction des colonies, finances, approvisionnements et service militaire.

MINISTÈRE DES FINANCES.
Rue de Rivoli.

Le ministre donne des audiences particulières, sur la demande qui lui en est faite par lettre indiquant l'objet dont on veut l'entretenir.

Il y a sept entrées principales :

1° *Rue de Rivoli*, n. 48, secrétariat particulier.

1er Bureau. Dépêches, affaires réservées, décorations, personnel, agents de change, cour des comptes, notaires certificateurs, congés, inspections générales des finances.

2e Bureau. Budget, réglements définitifs, pensions. Indemnité des émigrés et des colons.

2° *Rue Castiglione*, n. 1 *bis*, bureaux de l'enregistrement et des domaines.

3° *Rue du Monthabor*, n. 11, mouvement général des fonds, bureaux de la dette inscrite; caisse centrale, payeur du Trésor; directeur, secrétaire-général et chef du personnel de l'enregistrement; directeur des douanes, et section du personnel et de la navigation.

4° *Rue du Monthabor*, n. 13, sections du contentieux et du service actif des douanes.

5° *Rue Neuve-du-Luxembourg*, n. 2, secrétariat-général des finances.

1er Bureau. Dépêches, archives, contre-seing.

Le bureau des renseignements et celui des archives de l'ancienne liquidation sont ouverts tous les jours non fériés, de deux à quatre heures.

2e Bureau. Matériel de l'administration centrale, ordonnancement et comptabilité spéciale des dépenses du ministère.

3e Bureau. Correspondance et décisions.

6° *Rue Neuve-du-Luxembourg*, n. 2 *bis*.

7° *Rue Neuve-du-Luxembourg*, n. 2 *ter*. Forêts : le directeur donne audience le mardi, de deux à quatre heures; les bureaux sont ouverts de deux à quatre heures le mercredi.

MINISTÈRE DE LA JUSTICE ET DES CULTES.
Place Vendôme, n° 17.

Bureaux, *rue Neuve-du-Luxembourg*, n. 22.

Le ministre donne ses audiences les lundis et samedis, de quatre à six heures.

Le public n'est admis dans les bureaux que le vendredi, de deux à quatre heures.

Le bureau des légalisations est ouvert tous les jours non fériés, de midi à deux heures.

Attributions. — L'organisation de l'ordre judiciaire, du notariat; la correspondance avec les cours royales, la cour de cassation; les lettres de grâce, de naturalisation; l'imprimerie royale, etc. La justice est rendue au nom du roi, par les juges de paix, les tribunaux de commerce, de première instance, les cours royales, la cour de cassation.

MINISTÈRE DE L'INSTRUCTION PUBLIQUE.

Rue de Grenelle-Saint-Germain, n° 116.

Les bureaux sont ouverts les jeudis, de deux à quatre heures.

Attributions. — Les affaires concernant les cultes, les dépenses du clergé, les édifices diocésains, etc.; la nomination des divers fonctionnaires des académies, Facultés de droit, de médecine, des sciences, des lettres, etc.; l'autorisation d'ouvrir de nouvelles institutions et pensions.

La présentation des sujets les plus dignes d'être promus aux archevêchés, évêchés, et autres titres ecclésiastiques du royaume, est déléguée à un évêque désigné à cet effet.

PRÉFECTURE DE LA SEINE.

Place de l'Hôtel-de-Ville.

Bureaux ouverts tous les jours (dimanches et fêtes exceptés), de deux à quatre heures.

PRÉFECTURE DE POLICE.

Quai des Orfèvres, rue de Jérusalem, n° 7.

Le préfet tient ses audiences les mardis à deux heures et tous les jours de onze heures à midi. Les bureaux sont ouverts tous les jours de neuf à quatre heures. Le bureau de sûreté est ouvert jour et nuit.

ADMINISTRATIONS ET ÉTABLISSEMENTS DÉPENDANTS DES MINISTÈRES.

DU MINISTÈRE DE LA JUSTICE.

Commission du sceau, au ministère.
Cour de cassation, au Palais-de-Justice.
Cour des comptes, cour de la Sainte-Chapelle, n. 4.
Cour royale de Paris, au Palais-de-Justice.
Tribunal de première instance, au Palais-de-Justice.
Tribunal de commerce, au palais de la Bourse.

JUSTICES DE PAIX DE PARIS.

Juges de paix : du 1er arrondissement, rue d'Anjou Saint-Honoré, n. 9. — Du 2e, rue Neuve-Saint-Augustin, n. 30. — Du 3e, rue Hauteville, n. 10. — Du 4e, place du Chevalier-du-Guet, n. 3. — Du 5e, rue de Bondi, n. 20. — Du 6e, rue Dupuis-Vendôme, n. 9. — Du 7e, rue du Roi-de-Sicile, n. 32. — Du 8e, place Royale, n. 14. — Du 9e, rue Saint-Antoine, n. 88. — Du 10e, rue de Grenelle-Saint-Germain, n. 7. — Du 11e, rue Garancière, n. 10, à la mairie. — Du 12e, rue Saint-Jacques, n. 161.

Tribunal de police municipale, au Palais-de-Justice.
Imprimerie royale, Vieille-rue-du-Temple, n. 89.
Chambre des notaires, place du Châtelet.

DES MINISTÈRES DE L'INTÉRIEUR, DU COMMERCE, DE L'INSTRUCTION PUBLIQUE ET DES CULTES [1].

La Préfecture de la Seine et *la Préfecture de Police*. Voir la première colonne de cette page.

---

[1] Ces ministères ayant été plusieurs fois réunis et subissant souvent des changements notables dans leurs attributions, nous n'avons pas cru devoir assigner à

Lignes télégraphiques, rue de l'Université, n. 9.

Archives du royaume, rue du Chaume, n. 12.

Conseil général des manufactures, au Ministère du commerce.

Conseil général du commerce, idem.

MAIRIES.

Premier arrondissement, rue d'Anjou-Saint-Honoré, n. 9. Composé des quartiers des Tuileries, des Champs-Élysées, de la place Vendôme et du Roule.

Deuxième arrondissement, rue Pinon, n. 2. Composé des quartiers Feydeau, de la Chaussée-d'Antin, du Palais-Royal et du faubourg Montmartre.

Troisième arrondissement, aux Petits-Pères, près la place des Victoires. Composé des quartiers du faubourg Poissonnière, Montmartre, Saint-Eustache et du Mail.

Quatrième arrondissement, place du Chevalier-du-Guet, n. 4. Composé des quartiers Saint-Honoré, du Louvre, des Marchés et de la Banque de France.

Cinquième arrondissement, rue de Bondi, n. 20. Composé des quartiers de Bonne-Nouvelle, Montorgueil, du faubourg Saint-Denis et de la porte Saint-Martin.

Sixième arrondissement, abbaye Saint-Martin-des-Champs, rue Saint-Martin, n. 208 et 210. Composé des quartiers des Lombards, de Saint-Martin-des-Champs, du Temple et de la porte Saint-Denis.

Septième arrondissement, rue des Francs-Bourgeois-Marais, n. 21, Sainte-Avoye, n. 57. Composé des quartiers Sainte-Avoye, du Mont-de-Piété, du Marché Saint-Jean et des Arcis.

Huitième arrondissement, place Royale, n. 14. Composé des quartiers des Quinze-Vingts, du Marais, de Popincourt et du faubourg Saint-Antoine.

Neuvième arrondissement, rue Geoffroy-Lasnier, n. 25. Composé des quartiers de l'Hôtel-de-Ville, de la Cité, de l'île-Saint-Louis et de l'Arsenal.

Dixième arrondissement, rue de Grenelle-Saint-Germain, n. 7. Composé des quartiers du faubourg Saint-Germain, de la Monnaie, de Saint-Thomas-d'Aquin et des Invalides.

Onzième arrondissement, rue Garancière, n. 10. Composé des quartiers de la Sorbonne, du Luxembourg, de l'École-de-Médecine et du Palais-de-Justice.

Douzième arrondissement, rue Saint-Jacques, n. 262. Composé des quartiers Saint-Jacques, du Jardin-du-Roi, Saint-Marcel et de l'Observatoire.

Université royale de France, au Ministère.

Institut royal de France, quai Conti, en face du Pont-des-Arts.

Académie Française, à l'Institut.

Académie des inscriptions et belles-lettres, idem.

Académie des sciences, idem.

Académie des beaux-arts, idem.

Académie des sciences morales et politiques, idem.

Observatoire royal[1], rue Cassini.

Bureau des longitudes, à l'Observatoire.

---

chacun d'eux, en particulier, les établissements qui en dépendent, ce qui leur appartient aujourd'hui pouvant ne plus leur appartenir demain.

[1] Il y a encore deux *Observatoires*, l'un à l'École-Militaire, l'autre à la Bibliothèque du Panthéon.

Académie de Paris, rue de Sorbonne, n. 11, à la Sorbonne.
Faculté de théologie, à la Sorbonne.
Faculté de droit de Paris, place Sainte-Geneviève.
Faculté de médecine, place de l'École-de-Médecine.
École de pharmacie de Paris, au Jardin-du-Roi.
Faculté des sciences, à la Sorbonne.
Faculté des lettres, à la Sorbonne.
Collége royal de Louis-le-Grand, rue Saint-Jacques, n. 123.
École royale des langues orientales (annexée à ce collége).
Collége royal de Henri IV, rue de Clovis, n. 11.
Collége royal de Saint-Louis, rue de la Harpe, n. 94.
Collége royal de Bourbon, rue Neuve-Sainte-Croix, n. 3.
Collége royal de Charlemagne, rue Saint-Antoine, n. 120.
Collége Rollin, rue des Postes, n. 54.
Collége Stanislas, rue Notre-Dame-des-Champs, n. 54.
Cours normal primaire, rue des Bernardins, n. 4.

ÉTABLISSEMENTS ET COLLÉGES BRITANNIQUES.

Fondations anglaises, rue des Postes, n. 22.
Fondations écossaises, rue des Fossés-Saint-Victor, n. 25.
Fondations irlandaises, rue des Irlandais, n. 5.

ÉTABLISSEMENTS NATIONAUX.

Collége royal de France, place Cambray.
Bibliothèque du Roi, rue de Richelieu.
École royale et spéciale des langues orientales vivantes, à la Bibliothèque du Roi.
Cours d'archéologie, à la Bibliothèque du Roi.
Bibliothèque Mazarine, palais des Beaux-Arts.
Bibliothèque Sainte-Geneviève, place Sainte-Geneviève.
Bibliothèque de la ville, à l'Hôtel-de-Ville.
Musée de Minéralogie, à l'hôtel de la Monnaie.
École spéciale de Pharmacie, rue de l'Arbalète, n. 13.
École royale et spéciale des Beaux-Arts, rue des Petits-Augustins. Divisée en deux sections : 1re, peinture et sculpture; 2e, architecture.
Conservatoire de musique et de déclamation lyrique, rue du Faubourg-Poissonnière, n. 11.
École pratique de l'art théâtral, rue Chantereine, n. 19 (bis).
École normale, rue Saint-Jacques, n. 117.
École royale gratuite de mathématiques et de dessin, rue de l'École-de-Médecine, n. 3.
École spéciale et gratuite de dessin pour les jeunes personnes, rue de Touraine-Saint-Germain, n. 7.
Muséum d'histoire naturelle, au Jardin-du-Roi.
Direction générale des ponts-et-chaussées et des mines, rue des Saints-Pères, n. 24.
École royale des ponts-et-chaussées, rue Hillerin-Bertin, n. 10.
École royale des mines, rue d'Enfer, hôtel Vendôme, n. 34.
Cabinet de Minéralogie, rue d'Enfer, n. 34.
Conservatoire royal des arts et métiers, rue Saint-Martin, n. 208.
École royale des arts et métiers, au Conservatoire.
Administration de l'industrie agricole et commerciale, rue de Grenelle Saint-Germain, n. 122.
Hôpital royal des Quinze-Vingts, rue de Charenton, n. 38.

— 46 —

Institution royale des jeunes aveugles, rue Saint-Victor, n. 68.

Maison royale de Charenton, pour les aliénés des deux sexes, à Charenton.

Société des établissements charitables, parvis Notre-Dame.

Société pour le patronage des jeunes libérés du département de la Seine, rue Chanoinesse, n. 2.

Société helvétique de bienfaisance, rue de l'Oratoire du Louvre, à l'Oratoire.

Société protestante de prévoyance et de secours mutuels de Paris, rue de l'Arbre-Sec, n. 46.

Asile royal de la Providence, barrière des Martyrs, n. 50, extra muros.

Administration des hôpitaux, hospices et secours, Hôtel-Dieu, parvis Notre-Dame.

Hôpital de la Pitié, rue Copeau, n. 1, quartier Saint-Victor.

Hôpital de la Charité, rue Jacob, n. 47.

Hôpital du faubourg Saint-Antoine, à l'ancienne abbaye de ce nom, faubourg Saint-Antoine, n. 208.

Hôpital Cochin, rue du faubourg Saint-Jacques, n. 45.

Hôpital Necker, rue de Sèvres, n. 151.

Hôpital Beaujon, rue du faubourg du Roule, **n. 45**.

Hôpital des enfants malades (*Enfant-Jésus*), rue de Sèvres, n. 149.

Hôpital Saint-Louis, rue de l'Hôpital-Saint-Louis, n. 2.

Hôpital des Vénériens, Champ-des-Capucins, rue Saint-Jacques.

Maison de Santé, rue du faubourg Saint-Denis, n. 112.

Maison d'accouchement (*Maternité*), rue de la Bourbe, n. 3.

Hospice des enfants trouvés ou de l'allaitement, rue d'Enfer, n. 74.

Hospice de la vieillesse (femmes), Salpêtrière, boulevard de l'Hôpital, rue Poliveau, n. 7.

Hospice de la vieillesse (hommes), à Bicêtre.

Hospice des incurables-femmes, rue de Sèvres, n. 54.

Hospice des incurables-hommes, faubourg Saint-Martin, n. 150.

Hospice des orphelins, rue du faubourg Saint-Antoine, n. 126.

Hospice des ménages, rue de la Chaise, n. 28.

Hospice de Larochefoucauld, au petit Montrouge, n. 9.

Hospice d'Enghien, rue Picpus, n. 8.

Infirmerie de Marie-Thérèse, rue d'Enfer, n. 86.

Hospice le Prince, rue Saint-Dominique, au Gros-Caillou, n. 185 [1].

Société de médecine pratique, vaccination gratuite, les premiers et troisième jeudis de chaque mois à l'Hôtel-de-Ville.

Amphithéâtre d'anatomie des hôpitaux de Paris, à la Pitié, rue d'Orléans-Saint-Marcel, n. 2.

Établissement de filature, maison hospitalière, impasse des Hospitalières, n. 2, place Royale.

Secours à domicile (il y a un bureau dans chaque arrondissement).

Bureaux de Bienfaisance, 1er arrondissement, Grande rue Verte, n. 22. — 2e rue Neuve-Saint-Roch, n. 9. —

[1] Ces trois derniers établissements ne font point partie de l'administration des hospices.

5ᵉ Place des Petits-Pères, n. 7, à la mairie. — 4ᵉ Place du Chevalier-du-Guet, n. 4, à la mairie. — 5ᵉ rue de la Lune, n. 14. — 6ᵉ rue Saint-Martin, 208 et 210, à la mairie. — 7ᵉ rue de l'Homme-Armé, n. 2. — 8ᵉ rue de la Chaussée-des-Minimes, n. 4. — 9ᵉ rue Geoffroy-Lasnier, n. 25. — 10ᵉ rue de Varennes, n. 9. — 11ᵉ rue Saint-André-des-Ars, n. 49. — 12ᵉ impasse des Feuillantines, n. 1.

Établissement en faveur des blessés indigents, rue du Petit-Musc, n. 9.

Secours aux noyés et aux asphyxiés, rue du faubourg Saint-Honoré, n. 19. (Il y a, sur les deux rives de la Seine, cinquante dépôts de boîtes fumigatoires et autres objets de secours.)

Mont-de-Piété, rue des Blancs-Manteaux et rue de Paradis, au Marais; *sa succursale*, rue des Petits-Augustins, n. 10.

Société royale et centrale d'agriculture, à l'Hôtel-de-Ville.

Société d'encouragement pour l'industrie nationale, rue du Bac, n. 42.

Société royale des antiquaires de France, rue des Petits-Augustins, n. 13.

Société de géographie, rue de l'Université, n. 25.

Société pour l'instruction élémentaire, rue Taranne, n. 12.

Athénée des arts, à l'Hôtel-de-Ville.

Société philotechnique, rue des Petits-Augustins, n. 16.

Athénée royal de Paris, rue de Valois-Palais-Royal, n. 2.

Société grammaticale, rue de Richelieu, n. 21.

Société philomatique, rue d'Anjou-Dauphine, n. 6.

Société des amis des arts, au Louvre.

Athénée Musical, à l'Hôtel-de-Ville.

Société d'Horticulture, rue Taranne, n. 12.

Académie d'Horticulture, rue Louis-le-Grand, n. 25.

Société Asiatique, rue Taranne, n. 12.

Académie de l'Industrie française, agricole, manufacturière et commerciale, Place Vendôme, n. 24.

Société Géologique de France, rue du Vieux-Colombier, n. 26.

Maison centrale de nourrices, rue Sainte-Apolline, n. 18.

Bureaux de nourrices, rue Pascal, n. 9. — Rue des Petites-Écuries, n. 6. — Rue Cloche-Perche, n. 15.

Caisse d'Épargne et de Prévoyance, rue de la Vrillère, n. 6, à la Banque de France.

Société générale de Prévoyance, rue de Lille, n. 75.

Administration de l'Exploitation générale des Messageries royales, rue Notre-Dame-des-Victoires et rue Montmartre.

Messageries générales de France (Laffitte, Caillard et compagnie), rue Saint-Honoré, n. 150; rue de Grenelle-Saint-Honoré, et rue d'Orléans-Saint-Honoré.

Administration des Tontines, rue Sainte-Anne, n. 16.

Caisse Municipale, à l'Hôtel-de-Ville.

État-Major de la Garde nationale de Paris, place du Carrousel.

Garde municipale. Ce corps est sous les ordres de M. le préfet de police. *Casernes* (voyez la nomenclature.)

Sapeurs Pompiers, état-major, quai des Orfèvres, n. 20. *Casernes* (voyez la nomenclature.)

THÉATRES.

Opéra, rue Lepelletier. — Genre lyrique.

Opéra-Italien, ci-devant au théâtre Favart.

Odéon, place de l'Odéon.

Théâtre Français, rue de Richelieu. — Genre : comédie, tragédie, drame.

Opéra-Comique, place de la Bourse.

Théâtre de la Renaissance, à la salle Ventadour. — Genre : drame.

Gymnase Dramatique, boulevard Bonne-Nouvelle. — Genre : vaudeville, comédie, drame et opéra en un acte.

Vaudeville, rue de Chartres-Saint-Honoré et rue Saint-Thomas du Louvre. — Genre : vaudeville, drame mêlé de couplets. (Cette salle vient d'être incendiée.)

Variétés, boulevard Montmartre, à côté du passage des Panoramas. — Genre : vaudeville et pièces grivoises, poissardes et villageoises.

Théâtre du Palais-Royal, Palais-Royal. Genre : vaudeville et comédie.

Gaîté, boulevard du Temple. — Genre : mélodrame, comédie et vaudeville en un acte, ballets et pantomimes.

Ambigu-Comique, boulevard Saint-Martin. — Genre : mélodrame, comédie et vaudeville en un acte, ballets et pantomimes.

Porte-Saint-Martin, boulevard Saint-Martin. — Genre : mélodrame, comédie et vaudeville en un acte, ballets et pantomimes.

Cirque-Olympique, boulevard du Temple. — Genre : mélodrame, ballets, pantomimes équestres, exercice de chevaux et de voltige.

Folies-Dramatiques, boulevard du Temple, emplacement de l'ancien Ambigu-Comique. — Genre : drame, vaudeville et comédie.

Théâtre des petits Acteurs, ou de M. Comte, physicien du roi, passage Choiseul. — Genre : comédie, vaudeville ; scènes de magie, ventriloquie et fantasmagorie.

PETITS SPECTACLES.

Gymnase Enfantin, passage de l'Opéra. — Tableaux mécaniques, comédie, vaudeville, joués par des enfants.

Théâtre du Luxembourg, rue Madame, n. 7, même genre que les théâtres du boulevard.

Acrobates, théâtre de madame Saqui, boulevard du Temple. Pantomime dialoguée, drame et vaudeville.

Funambules, boulevard du Temple. Pantomime, arlequinades et travestissements ; drame, vaudeville.

Théâtre de Séraphin, Palais-Royal, galerie de pierre. Marionnettes et ombres chinoises.

THÉÂTRES DE LA BANLIEUE.

Sous la direction de MM. Sévèste. — On y joue tous les genres, l'opéra excepté.

Montmartre, boulevard extérieur, entre les barrières des Martyrs et Rochechouart.

Belleville, Grande-Rue.

Mont-Parnasse, barrière Mont-Parnasse.

Grenelle, entre Beau-Grenelle et Vaugirard.

Les Thermes, barrière du Roule.

Les Batignolles, rue Lemercier, aux Batignolles-Monceaux.

Le Ranelagh, bois de Boulogne, près la grille de Passy.

Saint-Denis, Grande-Rue.

Saint-Cloud, avenue du Château.

PRISONS ET MAISONS DE DÉTENTIONS.

Prison, rue de la Roquette. Cette prison a remplacé celle de Bicêtre.

Conciergerie, au Palais-de-Justice.

Force, rue du Roi-de-Sicile, n. 2.

Madelonnettes, rue des Fontaines, n. 44.

Saint-Lazare, rue du Faubourg-Saint-Denis, n. 147.

Sainte-Pélagie, rue de la Clef, n. 44.

Détention pour dettes, rue de Clichy, n. 68.

Maison de correction de jeunes garçons (dite *Prison-Modèle*), rue de la Roquette.

Maison d'arrêt pour la garde nationale, rue des Fossés-Saint-Bernard.

DU MINISTÈRE DE LA GUERRE.

Grande-Chancellerie de l'ordre royal de la Légion-d'Honneur, rue de Lille, n. 70.

Comité consultatif de l'Artillerie, place Saint-Thomas-d'Aquin, n. 5.

Comité des Fortifications, rue Saint-Dominique, n. 80.

Comité du Génie, rue Saint-Dominique, 80.

Comité consultatif de l'infanterie et de la cavalerie, rue Saint-Dominique, n. 82.

Hôtel des Invalides, place des Invalides.

Dépôt central d'artillerie, atelier de précision et *Musée d'artillerie*, place Saint-Thomas-d'Aquin, n. 5.

École royale d'Application du corps d'état-major, rue de Grenelle Saint-Germain, n. 156.

École d'application pour les ingénieurs-géographes, rue de l'Université, n. 64.

École royale d'équitation, rue du faubourg Montmartre, n. 42.

Gymnase normal, militaire, civil et orthopédique, place Dupleix, entre la barrière de Grenelle et le Champ-de-Mars.

Service des poudres et salpêtres, à l'Arsenal.

Conseil de santé des armées, rue Saint-Dominique, n. 82.

Comité de visite des militaires infirmes ou blessés, rue Saint-Dominique, n. 82.

1re *Division militaire* (chef-lieu à Paris), rue de Lille, n. 4.

État-Major de la Place, Place Vendôme, n. 7.

Dépôt du recrutement de la Seine, rue d'Enfer, n. 8.

Hôpital militaire, rue Saint-Dominique, au Gros-Caillou, n. 202.

Hôpital du Val-de-Grâce, rue Saint-Jacques, n. 277.

Pharmacie centrale des hôpitaux militaires, rue Cherche-midi, n. 84.

Subsistances militaires, quai Debilly.

Habillement et campement, rue Traverse, n. 22.

Conseils permanents de révision. — 1er et 2e *Conseils de guerre*, rue Cherche-Midi, n. 59.

Prison militaire. — *L'Abbaye*, rue Sainte-Marguerite.

Dépôt de la guerre, pour les cartes et plans, rue de l'Université, n. 64.

École royale Polytechnique, place de la Montagne Saint-Geneviève.

CASERNES (Voyez la nomenclature.)

DU MINISTÈRE DE LA MARINE.

Amirauté de France, rue Royale, n. 2.

Dépôt des cartes et plans, rue de l'Université, n. 13.

Conseil d'amirauté. — Direction des ports. — Direction des colonies. — Direction de la comptabilité et fonds des Invalides. — Direction des subsistances. — Commission pour la répression de la traite des noirs. — Commission de législation coloniale, rue Royale, n. 2.

Surveillance de la fourniture des bois propres aux constructions navales, rue de l'Arcade, n. 58.

DU MINISTÈRE DES FINANCES.

Direction générale des postes, hôtel des Postes, rue J.-J. Rousseau et Coq-Héron.

Poste-aux-Chevaux, rue de la Tour-des-Dames.

Administration de l'enregistrement et des domaines, rue de Castiglione, n. 4 bis.

Direction de l'enregistrement et des domaines, rue de la Paix, n. 5, hôtel du Timbre.

Administration des forêts, rue Neuve-du-Luxembourg, n. 2 ter.

Direction du timbre, rue de la Paix, n. 5.

Administration des douanes et sels, rue Monthabor, n. 13.

Direction des douanes de Paris, rue Bergère, n. 6.

Bureau principal des douanes de Paris, faubourg Poissonnière, n. 26.

Entrepôts des sels de Paris, boulevard Saint-Antoine, n. 29.

Administration des contributions indirectes, rue Neuve-du-Luxembourg, n. 2.

Direction des contributions indirectes de la Seine, rue Duphot, n. 10.

Direction des monnaies, quai Conti, n. 11.

Conservation des hypothèques pour Paris, rue du Cadran, n. 9.

Commission des monnaies et médailles, quai Conti, n. 11.

Administration des tabacs, rue Neuve-du-Luxembourg, n. 2.

Manufacture royale des tabacs, quai des Invalides, n. 29.

Entrepôt général des tabacs, rue Chantereine, n. 31.

Administration de l'octroi de Paris et direction des droits d'entrée perçus au profit du Trésor public, rue Pinon, n. 2.

Direction des contributions directes du département de la Seine, rue de la Verrerie, n. 55.

Commission de répartition des contributions directes, place de l'Hôtel-de-Ville, n. 3.

Recette centrale du département de la Seine, rue du Faubourg-Saint-Honoré, n. 337.

Bureau de la marque d'or et d'argent, rue Guénégaud, n. 10.

Caisse d'amortissement, des dépôts et consignations, rue et maison de l'Oratoire.

Banque de France, rue de la Vrillière.

Bourse de Paris, place et palais de la Bourse.

MAISON DU ROI.

Attributions. L'expédition des provisions, brevets et commissions ; l'administration générale des capitaux et revenus composant la liste civile, les musées de Paris et de Versailles, les théâtres royaux, manufactures royales, etc., la haute police et l'administration générale des domaines, châteaux et maisons royales ; les honneurs du Louvre, les voyages du Roi et des princes, et les honneurs à leur rendre.

ADMINISTRATIONS ET ÉTABLISSEMENTS DÉPENDANT DE LA MAISON DU ROI.

Intendance générale du trésor de la liste civile, place Vendôme, n. 9.

Direction des domaines et du contentieux, rue de l'Oratoire, n. 2.

Trésor de la couronne, place du Carrousel, près de l'état-major-général de la garde nationale.

Conservation du mobilier de la couronne, rue Bergère, n. 2.

Conservation des forêts de la couronne, rue de l'Oratoire, n. 2.

Archives de la couronne, au Louvre.

Direction des musées royaux, au Louvre.

Conservation des palais, maisons et résidences royales, aux Tuileries.

Bibliothèque de la couronne, aux Tuileries.

Domaine privé du Roi, rue Saint-Honoré, n. 216.

Administration des biens personnels du duc d'Aumale, légataire du prince de Condé, au palais Bourbon.

Manufactures royales des tapisseries des Gobelins et de la Savonnerie, rue Mouffetard, n. 270.

Manufacture royale de porcelaines, à Sèvres.

Manufactures royales de tapisseries de Beauvais, à Beauvais.

Manufacture royale de mosaïques, barrière des Fourneaux.

THÉATRES ROYAUX.

Académie royale de Musique, rue Le Pelletier.

Opéra-Italien, ci-devant place des Italiens.

Théâtre-Français, rue de Richelieu.

Théâtre royal de l'Opéra-Comique, place de la Bourse.

Théâtre royal de l'Odéon, place de l'Odéon.

École royale de musique et de déclamation, rue Bergère.

Musée royal, au Louvre.

Musée royal du Luxembourg, palais du Luxembourg.

Monnaie royale des médailles, rue Guénégaud, n. 8. On y vend, au profit de l'établissement, la collection de toutes les médailles frappées en France depuis l'avénement de François 1er au trône.

Musée monétaire, quai Conti, n. 11.

Muséum d'histoire naturelle, au Jardin des Plantes.

ÉGLISES ET ÉTABLISSEMENTS ECCLÉSIASTIQUES.

Notre-Dame, dans la Cité, église métropolitaine.

1er ARRONDISSEMENT.

Paroisse. *Assomption*, rue Saint-Honoré, n. 569.
Succurs. *Saint-Louis*, rue Neuve-Sainte-Croix, n. 5.
— *Saint-Philippe*, faubourg du Roule, n. 10.
— *Saint-Pierre*, rue de Chaillot, n. 52.

2° ARRONDISSEMENT.

Paroisse. *Saint-Roch*, rue Saint-Honoré, n. 298.
Succurs. *Notre-Dame-de-Lorette*, faubourg Montmartre, n. 60.

3ᵉ ARRONDISSEMENT.

Paroisse. *Saint-Eustache*, rue Traînée.
Succurs. *Petits-Pères*, place des Petits-Pères.
— *Notre-Dame-de-Bonne-Nouvelle*, rue de ce nom.

4ᵉ ARRONDISSEMENT.

Paroisse. *Saint-Germain-l'Auxerrois*, en face la colonnade du Louvre.

5ᵉ ARRONDISSEMENT.

Paroisse. *Saint-Laurent*, faubourg Saint-Martin, n. 125.
Succurs. *Saint-Vincent-de-Paule*, rue Moutholon, n. 6.

6ᵉ ARRONDISSEMENT.

Paroisse. *Saint-Nicolas-des-Champs*, rue Saint-Martin, n. 202.
Succurs. *Saint-Leu-Saint-Gilles*, rue Saint-Denis, n. 184.
— *Sainte-Élisabeth*, rue du Temple, n. 109.

7ᵉ ARRONDISSEMENT.

Paroisse. *Saint-Merry*, rue Saint-Martin, n. 4.
Succurs. *Notre-Dame-des-Blancs-Manteaux*, rue de ce nom.
— *Saint-Jean-Saint-François*, rue du Perche, n. 13.
— *Saint-Denis-au-Marais*, rue Saint-Louis, n. 50.

8ᵉ ARRONDISSEMENT.

Paroisse. *Sainte-Marguerite*, rue Saint-Bernard, n. 28.
Succurs. *Quinze-Vingts*, rue de Charenton, n. 58.
— *Saint-Ambroise*, rue de ce nom.

9ᵉ ARRONDISSEMENT.

Paroisse. *Notre-Dame*, place du Parvis.
Succurs. *Saint-Louis-à-l'Ile*, rue Saint-Louis, n. 13.
— *Saint-Gervais-Saint-Protais*, rue du Monceau.
— *Saint-Paul-Saint-Louis*, rue Saint-Antoine, n. 120.

10ᵉ ARRONDISSEMENT.

Paroisse. *Saint-Thomas-d'Aquin*, place de ce nom.
Succurs. *Abbaye-aux-Bois*, rue de Sèvres, n. 16.
— *Missions étrangères*, rue du Bac, n. 120.
— *Sainte-Valère*, rue de Grenelle-Saint-Germain, n. 542.

11ᵉ ARRONDISSEMENT.

Paroisse. *Saint-Sulpice*, place de ce nom.
Succurs. *Abbaye-Saint-Germain-des-Prés*, place de ce nom.
— *Saint-Severin*, rue de ce nom.

12ᵉ ARRONDISSEMENT.

Paroisse. *Saint-Étienne-du-Mont*, rue de la Montagne-Sainte-Geneviève.
Succurs. *Saint-Nicolas-du-Chardonnet*, rue Saint-Victor, n. 106.
— *Saint-Jacques-du-Haut-Pas*, rue Saint-Jacques, n. 234.
— *Saint-Médard*, rue Mouffetard, n. 161.
Séminaire diocésain, rue du Pot-de-Fer-Saint-Sulpice, n. 17.

Petit Séminaire (1re division), rue Saint-Victor, n. 102; (2e division), à Conflans-Charenton.

Séminaire des missions étrangères, rue du Bac, n. 120.

Temple des luthériens, rue des Billettes, nos 16 et 18.

Temple des calvinistes, rue Saint-Antoine, nos 214 et 216.

Temple des protestants anglais, rue Saint-Honoré, à l'Oratoire.

Temple grec (chapelle de la légation russe), rue Neuve-de-Berri, n. 4, aux Champs-Élysées.

Culte israélite (synagogue), rue Neuve-Saint-Laurent, n. 14.

ENTREPRISE DES POMPES FUNÈBRES.

Rue du faubourg Saint-Denis, n. 185. — Bureau ouvert tous les jours, de sept heures du matin à huit heures du soir.

Bureaux des funérailles, rue de Grenelle, n. 12. — On s'y charge, moyennant cinq pour cent de la dépense, de toutes les démarches pour les inhumations, tant aux mairies qu'aux églises, aux pompes funèbres, etc.

Compagnie générale des sépultures. — Elle se charge de l'érection des tombeaux, monuments, etc. — Rue Saint-Marc, n. 12.

CIMETIÈRES.

Cimetière de l'Est, ou *du Père La Chaise*, faubourg Saint-Antoine. Remarquable par le nombre et l'architecture des tombeaux qu'il renferme.

Cimetière du Nord, ou *Montmartre*, entre les barrières Rochechouart et Clichy.

— *de Vaugirard*, barrière de Sèvres. (Fermé depuis 1824.)

— *du Sud*, ou *du Mont-Parnasse*, entre les barrières d'Enfer et du Mont-Parnasse.

— *de Sainte-Catherine*, rue des Francs-Bourgeois-Saint-Marcel. (Fermé depuis plus de vingt ans.)

— *des Hospices*, près celui du Mont-Parnasse.

Nota. Les inhumations des 1er, 2e, 3e et 4e arrondissements doivent se faire au *Cimetière du Nord*.

Celles des 5e, 6e, 7e, 8e et 9e arrondissements *au cimetière de l'Est*.

Celles des 10e, 11e et 12e arrondissements, *au cimetière du Sud*.

On n'a le choix du cimetière que pour les concessions perpétuelles.

Prix des terrains concédés.

	fr. c.		fr. c.
1 mètre	268 25	4 mètres	1,595 25
2 mètres	552 75	5 mètres	2,389 25
3 mètres	1,085 »	6 mètres	3,184 »

Chaque mètre au-dessus de six mètres coûte 1,000 fr.

Un mètre suffit pour un enfant de sept ans; au-dessus de cet âge, il faut deux mètres. Toute famille possédant deux mètres a droit de faire construire un caveau en maçonnerie.

MUSÉES ROYAUX, GALERIES PARTICULIÈRES ET MANUFACTURES ROYALES

(EXHIBITIONS D'OBJETS D'ARTS.)

Musée royal au Louvre. — Tableaux et dessins des grands maîtres de toutes les écoles.

Musée des Antiques au Louvre. — Statues et antiquités grecques et romaines.

Musée Égyptien au Louvre. — Statues et antiquités égyptiennes.

Musée naval au Louvre. — Modèles de vaisseaux, de machines à l'usage de la marine; plans en relief des ports; tableaux représentant les faits d'armes des marins français; armes, habillements et ustensiles des peuples sauvages, etc.

(Se visite avec des billets.)

Les quatre premiers jours de la semaine, le lundi excepté, ouvert aux artistes, pour études. Le dimanche, de 10 à 4 heures, ouvert au public. Les étrangers munis de passeports sont admis les jours d'étude.

Musée royal du Luxembourg, rue de Vaugirard, n. 19. — Tableaux et statues des artistes vivants de l'école française.

Ouvert au public les dimanches, lundis et fêtes; aux artistes, et aux étrangers munis de passeports, tous les jours, excepté le samedi.

Monnaie royale des médailles, rue Guénégaud, n. 8. — Collection de carrés et poinçons de médailles depuis François Ier; médailles de l'histoire de France.

Ouverte tous les jours, excepté les premiers du mois, dimanches et fêtes.

Musée monétaire, quai Conti, n. 11. — Coins de monnaies, et monnaies françaises et étrangères.

Ouvert tous les jours, excepté les dimanches et fêtes.

Muséum d'histoire naturelle, Jardin-des-Plantes. — Jardin botanique; galeries contenant collection des trois règnes de la nature; galerie d'anatomie; galerie de botanique; serre; ménagerie, etc.

Les *galeries d'histoire naturelle,* ouvertes au public les mardis et vendredis, de 3 à 6 heures; aux étudiants, les lundis, jeudis et samedis, de 11 heures à 2 heures.

La *galerie d'anatomie* ouverte, sur billets, les lundis et samedis, de 11 heures à 2 heures.

La *galerie de botanique,* ouverte, sur billets, les jeudis, de 11 à 2 heures.

Musée d'Artillerie, place Saint-Thomas-d'Aquin, n. 3. — Armes, armures, machines de guerre de toutes les époques. On y voit le poignard qui assassina Henri IV, et l'épée du général Bonaparte.

Ouvert sur billets, les samedis, de 1 à 4 heures.

Galerie des plans en relief des forteresses de France, à l'Hôtel-des-Invalides. On peut la visiter avec une permission du ministre de la guerre.

Conservatoire des Arts-et-Métiers, rue Saint-Martin, n. 208. — Modèles en grand ou réduits des machines, appareils, instruments, etc., propres à l'agriculture et aux arts mécaniques.

Ouvert les dimanches et jeudis, de 2 à 4 heures; aux étrangers tous les jours.

Cabinet de Minéralogie, rue d'Enfer, n. 54.

Ouvert les lundis et jeudis, de 11 à 3 heures, et tous les jours aux étudiants et étrangers.

Cabinet d'Anatomie, à l'École-de-Médecine.

Ouvert les lundis et vendredis, de 10 à 2 heures.

— *de Physique*, au collége de France, place Cambrai, n. 1.

Ouvert les lundis, mercredis et vendredis, à 9 heures et demie.

Cabinets de médailles antiques et pierres gravées (à la Bibliothèque), rue de Richelieu, n. 58.

Ouvert les mardis et vendredis, de 10 à 2 heures.

Garde-Meuble de la Couronne, rue des Champs-Élysées, n. 5. — Ameublements, vases et joyaux précieux. — On y est admis sur une carte d'entrée de l'intendant du Garde-Meuble.

Galerie de M. de Sommariva, rue Basse-du-Rempart, n. 4.

Ouverte les jeudis, de 1 à 4 heures.

— *de M. du Sommerard*, hôtel de Cluny, rue des Mathurins Saint-Jacques. — On peut y être admis sur demande écrite.

— *du maréchal duc de Dalmatie*, rue de l'Université, n. 57. — Tableaux de l'École espagnole. — On y est admis sur demande écrite.

Diorama, rue Samson, près le Château-d'Eau, boulevard du Temple. — Tableaux de 80 pieds de long et de 45 de large.

Ouvert tous les jours, de 10 à 5 heures.

Panorama, rue des Marais-du-Temple, n. 40.

Ouvert tous les jours, de 10 à 5 heures.

Parmi les autres collections particulières qu'il est possible de visiter en en faisant la demande écrite au propriétaire, nous citerons :

Le *Musée d'antiquités* de M. de Blacas (pierres gravées, vases étrusques, médailles grecques et romaines, pierres gravées arabes, persanes et turques, vases musulmans, médailles, etc.). — La *Collection de tableaux* de M. Aguado, rue Grange-Batelière. — Les *Cabinets d'antiquités* de M. le comte Pourtalès, de M. le baron Roger. — La *Collection des vases grecs* de M. Durand. — La *Collection d'antiquités* de M. Lamare Picquot. — La *Collection de tableaux des XIIe, XIIIe XIVe et XVe siècles*, de M. le chevalier Artaud. — La *Collection des monuments perses et assyriens* de M. le marquis de Fortia d'Urban. — La *Collection botanique* de M. Delessert. — L'*Herbier* de M. Adrien de Jussieu. — L'*Herbier cryptogamique* de M. Bory-de-Saint-Vincent. — La *Collection de coquilles* et la *Galerie d'oiseaux* de M. le duc de Rivoli. — La *Collection de coquilles terrestres et fluviatiles* de M. de Férussac. — La *Collection de coléoptères* de M. le général Dejean ; — Le *Cabinet minéralogique* de M. Gilet de Laumont. — Les *Collections minéralogiques* de MM. Brochant de Villiers, Cordier, Brongniart et Lelièvre. — Les *Collections craniologiques* de M. Esquirol et de M. Gama-Machado. — Et enfin, la *Collection de portraits* de M. Long, plus complète que celle du roi.

MANUFACTURES ROYALES.

Manufacture royale des Gobelins et de la Savonnerie, rue Mouffetard, n. 270, faubourg Saint-Marcel. — Tapisseries et tapis précieux.

Ouverte sur billets, les mercredis et samedis, de 2 à 4 heures.

Manufacture royale de porcelaine de Sèvres. — Dépôt, rue Rivoli, n. 18. — On peut visiter tous les jours, les dimanches exceptés, l'établissement de Sèvres.

Le dépôt de Paris est ouvert au public.

BIBLIOTHÈQUES.

Bibliothèque du Roi, rue de Richelieu, n. 58. — 900,000 livres et brochures imprimées, — 60,000 manuscrits, — 100,000 médailles, — 1,600,000 estampes, — 500,000 cartes et plans. — On y voit le zodiaque de Dendérah. — Vacances du 1er septembre au 15 octobre.

Ouverte tous les jours (dimanches et fêtes exceptés) aux lecteurs et aux étrangers, de 10 à 5 heures; aux curieux, mardis et vendredis, de 10 heures à 3 heures.

Bibliothèque de l'Arsenal, rue de Sully. — 180,000 volumes et 6,500 manuscrits. — Vacances du 15 septembre au 5 novembre.

Ouverte tous les jours non fériés, de 10 à 5 heures.

— *royale de Sainte-Geneviève*, rue Clovis, n. 2. — 150,000 volumes, 50,000 manuscrits. — Vacances du 1er août au 15 septembre.

Ouverte tous les jours non fériés, de 10 à 5 heures.

— *Mazarine*, à l'Institut, quai Conti, n. 23. — 100,000 volumes, 4,500 manuscrits. — Vacances du 15 août au 1er octobre.

Ouverte tous les jours non fériés, jeudis exceptés, de 10 à 4 heures.

— *de la Ville*, rue du Tourniquet-Saint-Jean. — 18,000 volumes. — Vacances du 1er septembre au 15 octobre.

Ouverte tous les jours non fériés, mercredis exceptés, de midi à 4 heures.

Bibliothèque de l'École-de-Médecine, place de l'École-de-Médecine, n. 14. — 50,000 volumes. — Vacances du 15 août au 1er novembre.

Ouverte les jeudis au public et tous les jours non fériés aux élèves, de 11 à 3 heures.

— *du Muséum d'Histoire naturelle*, rue de Seine-Saint-Victor, n. 55. — 15,000 volumes.

Ouverte tous les jours non fériés, mercredis exceptés, de 11 à 3 heures.

— *de l'École des Mines*, rue d'Enfer, n. 34. — 6,000 volumes.

Ouverte les lundis et jeudis, de 11 à 3 heures, et tous les jours aux étudiants et étrangers.

Outre ces bibliothèques publiques, il y a d'autres bibliothèques entretenues avec les deniers de l'état, où l'on peut être admis facilement sur une demande écrite.

Institut (80,000 volumes), quai Conti, n. 23.

Cabinet du Roi ou Bibliothèque du conseil-d'état (55,000 volumes), galerie du Louvre, quai du Louvre.

Cour de Cassation (36,000 volumes), Palais-de-Justice.

Chambre des Députés (44,000 volumes), rue de l'Université, n. 116.
Chambre des Pairs (11,000 volumes), rue de Vaugirard, n. 19.
Conservatoire des Arts-et-Métiers (12,000 volumes), rue Saint-Martin, n. 208.
Université (50,000 volumes), rue de la Sorbonne.
Invalides (25,000 volumes), Hôtel-des-Invalides.
École Polytechnique (26,000 volumes), rue Descartes, n. 1.
Tribunal de première Instance (4,000 volumes), Palais-de-Justice.
Ordre des Avocats (7,000 volumes), Palais-de-Justice.
Ministère de la Justice (8,000 volumes), place Vendôme, n. 13.
Ministère des Affaires étrangères (15,500 volumes), rue Neuve-des-Capucines.
Ministère de l'Intérieur (14,000 volumes), rue de Grenelle-Saint-Germain, n. 103.
Ministère des Finances (5,500 volumes), rue Rivoli, n. 48.
Dépôt des Cartes et Plans de la guerre (19,000 volumes, 8,000 manuscrits), rue de l'Université, n. 61.
Dépôt des Cartes de la Marine (14,000 volumes), rue de l'Université, n. 13.
Dépôt central de l'Artillerie (6,000 volumes), place Saint-Thomas-d'Aquin, n. 3.
Préfecture de Police (4,000 volumes), rue de Jérusalem, n. 7.
Séminaire Saint-Sulpice (20,000 volumes), rue du Pot-de-Fer-Saint-Sulpice, n. 17.
Faculté de Théologie, à la Sorbonne.
École de Droit (8,000 volumes), place Sainte-Geneviève.
École des Ponts-et-Chaussées (5,000 volumes), rue Hillerin-Bertin, n. 10.
École de Musique et de Déclamation, rue Faubourg-Poissonnière, n. 11.
Cour des Comptes (6,000 volumes), cour de la Sainte-Chapelle.
Observatoire (4,500 volumes), rue Cassini.
Société royale et centrale d'Agriculture, rue du Tourniquet-Saint-Jean, n. 2.
Bibliothèque du Commerce, palais de la Bourse.
Bibliothèque du Palais-Royal (25,000 volumes), rue Saint-Honoré, n. 204.

INSCRIPTION DES RUES.

Cette inscription, portant le nom en blanc sur un fond bleu, est placée aux coins de toutes les rues, ruelles, impasses, etc., etc.

NUMÉROS DES MAISONS.

Ils sont rouges dans les rues parallèles à la rivière de Seine, et noirs dans celles qui lui sont perpendiculaires. Le n. 1 est toujours placé au bout le plus près des barrières de la Rapée et de la Gare, qui sont pour Paris les deux points les plus élevés de la Seine; et dans les rues perpendiculaires, il est toujours placé au bout le plus près des rives de la Seine, soit au nord, soit au midi. En partant du bout où se trouve le n. 1, dans toutes les rues, les numéros pairs sont à droite, et les impairs à gauche.

VOITURES EXPLOITÉES DANS PARIS.

VOITURES DE PLACE.

Bureau de Police, rue Guénégaud, n. 54. — Ouvert de 9 à 4 heures.

FIACRES ET CABRIOLETS.

	Fiacres.	Cabriolets ou calèches à 1 cheval.
	fr. c.	fr. c.
DE SIX HEURES DU MATIN A MINUIT.		
Chaque course	1 50	1 »
La première heure	2 25	1 50
Chacune des heures suivantes	1 75	1 25
DE MINUIT A SIX HEURES DU MATIN.		
Chaque course	2 »	1 75
Chaque heure	3 »	2 50
Pour aller à Bicêtre	4 »	3 »
Pour y aller, y rester 1 heure, et revenir	6 »	5 »

CABRIOLETS *dits* DE LA RÉGIE, numérotés en rouge de 1 à 4000.

Même tarif que pour les cabriolets de place. — Néanmoins il est d'usage de payer 1 fr. 50 centimes chaque course, et 2 fr. chaque heure.

VOITURES A 30 CENTIMES.

On en compte à Paris 590, qui parcourent ensemble 54 lignes différentes.

Nota. Pour être bien assis dans ces voitures, il faut, si la ligne suit des rues à ruisseau, prendre place à gauche en montant; et si la ligne suit des rues à chaussée, s'asseoir à droite.

Quand les lignes correspondent entre elles, on peut passer d'une voiture dans une autre, et suivre deux lignes sans payer double course.

La correspondance n'a pas lieu les dimanches et fêtes en été.

OMNIBUS.

Correspondance centrale à la Madeleine pour tous les boulevards.

— de la *Madeleine* à la *Bastille*, par les boulevards.
— du *Carrousel* à la *barrière de Passy*, par les quais de la rive droite.
— de la *barrière du Roule* au *boulevard des Filles-du-Calvaire*, par le *Marais*, par les rues du Faubourg-du-Roule, du Faubourg-Saint-Honoré, la place de la Madeleine, les rues Duphot, Saint-Honoré, du Four, Traînée, Montorgueil, Mauconseil, Saint-Denis, Grenetat, Royale, Saint-Martin, Phelippeaux, de la Corderie, de Bre-

tagne, des Filles-du-Calvaire, boulevard des Filles-du-Calvaire.

Correspondance de la place de la Madeleine à la barrière du Roule, par la place de la Madeleine, les rues du Faubourg-Saint-Honoré, et le faubourg du Roule.

— *du boulevard des Capucines à la barrière du Trône*, par le boulevard des Capucines, les rues Neuves-Saint-Augustin, des Filles-Saint-Thomas, Notre-Dame-des-Victoires, Vide-Gousset, la place des Victoires, les rues de la Vrillière, Croix-des-Petits-Champs, Coquillière, de la Jussienne, Coq-Héron, Tiquetonne, du Petit-Lion-Saint-Sauveur, aux Ours, Grenier-Saint-Lazare, de Montmorency, Michel-le-Comte, des Vieilles-Audriettes, des Quatre-Fils, Vieille-du-Temple, des Francs-Bourgeois, Neuve-Sainte-Catherine, la place Royale, les rues Royale, Saint-Antoine, la place de la Bastille, la rue du Faubourg-Saint-Antoine, jusqu'à la barrière du Trône.

— *de la rue de Vaugirard, derrière l'Odéon, à la barrière Blanche*, par les rues de Vaugirard, de Tournon, du Petit-Bourbon, la place Saint-Sulpice, rues du Vieux-Colombier, du Dragon, Taranne, des Saints-Pères, le pont Royal, le Carrousel, rue de Rohan, de Richelieu, boulevard des Italiens, rues Laffitte, Neuve-Laffitte, Saint-Lazare, rue et barrière Blanche.

— *de la barrière d'Italie à la place Saint-Sulpice*, par les rues Mouffetard, de Fourcy, place de l'Estrapade, rues des Fossés-Saint-Jacques, Saint-Thomas-d'Enfer, place Saint-Michel, rue des Francs-Bourgeois, de Vaugirard, de Tournon, du Petit-Bourbon, place Saint-Sulpice.

— *de la Bastille au coin du boulevard Beaumarchais, à la barrière du Trône*, par la rue du Faubourg-Saint-Antoine.

DAMES BLANCHES.

Correspondance du Carrousel au cimetière du Père-La-Chaise par la Bastille, par les quais des Tuileries, du Louvre, de l'École, de la Mégisserie, de Gèvres, Lepelletier, la place de l'Hôtel-de-Ville, l'arcade Saint-Jean, la rue du Pourtour-Saint-Gervais, la place Baudoyer, la rue Saint-Antoine, la place de la Bastille, la rue de la Roquette, la Barrière-d'Aunay.

Correspondance de la place du Carrousel à la barrière de la Gare, par les quais des Tuileries, du Louvre, de l'École, le Pont-Neuf, les quais des Augustins, Saint-Michel; par les rues de la Bûcherie, des Grands-Degrés, les quais de la Tournelle, Saint-Bernard, de l'Hôpital, la barrière de la Gare.

— *de la place Saint-Sulpice par le carrefour de l'Odéon, à la barrière de la Villette*, par la place Saint-Sulpice, les rues du Petit-Bourbon, des Quatre-Vents, le carrefour de l'Odéon, les rues de l'Ancienne-Comédie, Saint-André-des-Ars, le pont Saint-Michel, la rue de la Barillerie, le quai aux Fleurs, le pont Notre-Dame, les rues des Arcis, Saint-Martin, du faubourg Saint-Martin à la barrière de la Villette.

TRICYCLES.

Correspondance de la rue de Cléry à la barrière de Sèvres, par les rues de Cléry, Montmartre, des Fossés-Montmartre, la place des Victoires, les rues Croix-des-Petits-Champs, Montesquieu, des Bons-Enfants, Saint-Honoré, place du Palais-Royal, le Carrousel, le Pont-Royal, les rues du Bac, de Sèvres, jusqu'à la barrière de ce nom.

FAVORITES.

Correspondance de la rue de Lafayette (faubourg Poissonnière) *à l'École-de-Médecine*, par les rues du Faubourg-Poissonnière, les boulevards, les rues de Cléry, du

Mail, de Vide-Gousset, la place des Victoires, les rues Croix-des-Petits-Champs, du Coq, la place du Louvre, le quai de l'École, le Pont-Neuf, les rues Dauphine, de l'Ancienne-Comédie, la rue et la place de l'École-de-Médecine.

Correspondance de la rue des Martyrs aux Gobelins, par les rues des Martyrs, du Faubourg-Montmartre, la pointe Saint-Eustache, les rues Trainée, des Prouvaires, du Roule, de la Monnaie, le Pont-Neuf, la place Dauphine, la rue du Harlay, le quai des Orfèvres, le pont et le quai Saint-Michel, les rues du Petit-Pont, Saint-Jacques, Galande, la place Maubert, les rues Saint-Victor, du Jardin-des-Plantes, des Fossés-Saint-Marcel, et les Gobelins.

— *de la barrière Saint-Denis à la barrière d'Enfer*, par le faubourg Saint-Denis, la rue de la Barillerie, le pont Saint-Michel, les rues de la Vieille-Bouclerie, de la Harpe, la place Saint-Michel, la rue d'Enfer, jusqu'à la barrière.

— *de la rue Saint-Lazare* (bains Tivoli) *à la barrière de Sèvres*, par les rues Sainte-Croix, Thiroux, Caumartin, Neuve-des-Capucines, Neuve-des-Petits-Champs, place des Victoires, les rues Coquillière, Trainée, des Prouvaires, du Roule, de la Monnaie, le Pont-Neuf, la place Dauphine, le Pont-Neuf, les rues Dauphine, de Bussy, Sainte-Marguerite, Taranne, du Dragon, la Croix-Rouge, la rue de Sèvres jusqu'à la barrière. — *Le bureau central est place Dauphine.*

ORLÉANAISES.

Correspondance de la place de l'Oratoire à la barrière de la Rapée, par les places de l'Oratoire, du Louvre, les quais de l'École, de la Mégisserie, la place du Châtelet, les quais de Gèvres, Lepelletier, de la Grève, des Ormes, Saint-Paul, des Célestins, Morland, de la Rapée, jusqu'à la barrière.

Correspondance de la place de l'Oratoire à la barrière de l'Étoile, par la place de l'Oratoire, les rues du Coq, Saint-Honoré, St-Nicaise, de Rivoli, la place de la Concorde, les Champs-Élysées, jusqu'à la barrière de l'Étoile.

DILIGENTES.

Correspondance de la rue St-Lazare, au coin de la rue de la Chaussée-d'Antin, à la barrière Charenton, par les rues Chaussée-d'Antin, Louis-le-Grand, marché St-Honoré, rues St-Honoré, St-Nicaise, Rivoli, Valois, Montpensier, Saint-Honoré, de la Ferronnerie, des Lombards, de la Verrerie, marché Saint-Jean, rue Renaud-Lefèvre, place Baudoyer, rue Saint-Antoine, place de la Bastille, rue de Charenton, jusqu'à la barrière.

— *de la place des Pyramides à la barrière de Monceaux, au coin de la rue de ce nom*, par les rues des Pyramides, Saint-Honoré, Duphot, de la Ferme-des-Mathurins, de l'Arcade, du Rocher et la place Circulaire.

BÉARNAISES.

Correspondance de la place de la Bourse à la place St-Sulpice, par les rues Vivienne, Neuve-des-Petits-Champs, de la Vrillière, Croix-des-Petits-Champs, Saint-Honoré, de l'Arbre-Sec, des Fossés-Saint-Germain-l'Auxerrois, de la Monnaie, le Pont-Neuf, les rues Dauphine, de Bussy, de Seine, du Petit-Bourbon, place Saint-Sulpice.

— *des Invalides à la Bastille*, par l'esplanade des Invalides, les rues Saint-Dominique, Taranne, du Dragon, la Croix-Rouge, rue du Vieux-Colombier, place Saint-Sulpice, les rues du Petit-Bourbon, du Petit-Lion, le carrefour de l'Odéon, les rues de l'École-de-Médecine, des Mathurins, Saint-Jacques, des Noyers, Saint-Victor, des Bernardins, le quai et le pont de la Tournelle, la rue des Deux-Ponts, le pont Marie, les rues des Nonaindières, de Fourcy, Saint-Antoine, la place de la Bastille.

CITADINES.

Correspondance de la place Dauphine à la barrière de Belleville, par les rues du Harlay, le quai de l'Horloge, le Pont-au-Change, les quais de Gèvres et Lepelletier, la place de l'Hôtel-de-Ville, les rues du Mouton, de la Tixeranderie, des Coquilles, Bar-du-Bec, Sainte-Avoie, du Temple, Faubourg-du-Temple.

— *de Belleville à la place des Petits-Pères,* par les rues du Faubourg-du-Temple, du Temple, Notre-Dame de Nazareth, Neuve-Saint-Martin, Saint-Martin, Grenetat, Saint-Denis, Saint-Sauveur, du Cadran, Montmartre, des Fossés-Montmartre, Vide-Gousset, place des Petits-Pères, et retour.

— *de la Porte Saint-Martin à la Chambre des Députés,* par les rues Saint Martin, Sainte-Apolline, Bourbon-Villeneuve, Neuve-Saint-Eustache, Montmartre, Joquelet, place de la Bourse, les rues des Filles-Saint-Thomas, Neuve-Saint-Augustin, d'Antin, du marché Saint-Honoré, du 29 Juillet, de Rivoli, le pont de la Concorde, la rue de Bourgogne, à la place de la Chambre des Députés.

ÉCOSSAISES.

Correspondance du boulevard Montmartre au quai des Ormes, par le boulevard Montmartre, les rues Montmartre, Neuve-St.-Eustache, Bourbon-Villeneuve, du Caire, St.-Denis, aux Ours, du Grenier-St.-Lazare, Michel-le-Comte. *Retour* par les rues Montmorency, Ste.-Avoie, de Braque, du Chaume, de Paradis, Vieille-du-Temple, St.-Antoine, Fourcy, des Nonaindières, quai des Ormes.

BATIGNOLLAISES.

Correspondance des Batignolles au cloître St.-Honoré, près le Palais-Royal, par la barrière de Clichy, les rues de Clichy, Chaussée-d'Antin, les boulevards des Italiens, des Capucines, les rues Louis-le-Grand, du Port-Mahon, Gaillon, Neuve-Saint-Roch, Saint-Honoré, la place du Palais-Royal, le cloître Saint-Honoré.

Correspondance à partir du cloître Saint-Honoré, avec les Orléanaises, pour Bercy, et avec les Hirondelles, pour la barrière Saint-Jacques.

HIRONDELLES.

Correspondance des rues de l'Oursine et Mouffetard à la place Cadet, par les rues du Fer-à-Moulin, du Jardin-du-Roi, de Seine-St.-Victor, quai St.-Bernard, l'île St.-Louis, les rues des Nonaindières, de Fourcy, Saint-Antoine, Vieille-du-Temple, de l'Échaudé, de Poitou, d'Anjou, Pastourelle, des Gravilliers, Jean-Robert, Saint-Martin, boulevard Saint-Denis, rue du Faubourg-Saint-Denis, des Petites-Écuries, du Faubourg-Poissonnière, Papillon, Montholon, Rochechouart, place Cadet.

— *de la barrière Rochechouart à celle Saint-Jacques,* par les rues Rochechouart, Cadet, faubourg et boulevard Montmartre, rue Neuve-Vivienne, place de la Bourse, rue Vivienne, Neuve-des-Petits-Champs, Neuve-des-Bons-Enfants, des Bons-Enfants, Saint-Honoré, de l'Arbre-Sec, place et quai de l'École, le quai de la Mégisserie, Pont-au-Change, rue de la Barillerie, pont et quai Saint-Michel, rues du Petit-Pont, Saint-Jacques, des Mathurins, de Sorbonne, de Cluny, des Grés, Saint-

Jacques, du Faubourg-Saint-Jacques, jusqu'à la barrière.

PARISIENNES.

Correspondance de la barrière Vaugirard au quai de la Tournelle, par les rues de Vaugirard, du Pot-de-Fer, place Saint-Sulpice, rues du Petit-Bourbon, du Petit-Lion, de l'Ancienne-Comédie, Saint-André-des-Ars, Git-le-Cœur, quais des Augustins, Saint-Michel, rues de la Bûcherie, des Grands-Degrés, quai de la Tournelle.

— *de la rue Neuve-Racine à la barrière Poissonnière;* par les rues Neuve-Racine, Racine, de l'Odéon, des Quatre-Vents, de Seine, du Petit-Bourbon, la place Saint-Sulpice, rues des Canettes, du Four, de Grenelle-Saint-Germain, de Bourgogne, pont et place de la Concorde, rues de Rivoli, Castiglionne, de la Paix, boulevard des Capucines, rues de la Chaussée-d'Antin, de Provence, Richer, du Faubourg-Poissonnière, jusqu'à la barrière.

— *du boulevard du Temple, au coin de la rue du Temple, à la barrière du Mont-Parnasse*, par les boulevards Saint-Martin, Saint-Denis, les rues Saint-Denis, Bourbon-Villeneuve, Neuve-Saint-Eustache, des Fossés-Montmartre, place des Victoires, rues Croix-des-Petits-Champs, Coquillière, de Grenelle-Saint-Honoré, Saint-Honoré, de l'Arbre-Sec, le quai de l'École, le Pont-Neuf, quais Conti, Malaquais, des Saints-Pères, de Grenelle, la Croix-Rouge, rues du Cherche-Midi, du Regard, Notre-Dame-des-Champs, du Mont-Parnasse jusqu'à la barrière.

DAMES FRANÇAISES.

Correspondance de la rue Hauteville, au coin de la rue des Petites-Écuries, à la barrière de l'École-Militaire, par les rues Hauteville, de l'Échiquier, Faubourg-Poissonnière, boulevard Montmartre, des Vieux-Augustins, Coquillière, Grenelle-Saint-Honoré, place du Palais-Royal, rue Saint-Thomas-du-Louvre (et rue de Rohan après 10 heures du soir, à cause du défilé du Vaudeville), rue du Musée, place du Carrousel, quai des Tuileries, Pont-Royal, rues du Bac, Saint-Dominique, Neuve-de-Belle-Chasse, de Grenelle, esplanade des Invalides, rues de Grenelle-Prolongée, Neuve-de-l'Église, avenue de La Bourdonnais et de Lowendal.

MONTROUGIENNES.

Correspondance de Montrouge à la place Dauphine, par la rue d'Enfer, la place Saint-Michel, les rues de Vaugirard, de l'Odéon, de l'Ancienne-Comédie et Dauphine.

VOITURES DES ENVIRONS DE PARIS.

Arnouville, faubourg Saint-Denis, n. 54.

Arpajon et routes, rue Mazarine, n. 56; — rue Saint-Dominique d'Enfer, n. 45.

Brie, rue Cloche-Perche, n. 7.

Boissy-Saint-Léger, rue Saint-Antoine, n. 26.

Bondy et Livry, rue Sainte-Apolline, n. 12.

Bicêtre et Gentilly; quai de la Cité, n. 29, toutes les deux heures.

Charenton et environs, rue des Tournelles, n. 47.

Claye et direction, rue Saint-Martin, n. 247.

Corbeil, rue du Martoy, n. 24.

Courbevoie, Neuilly, rue de Rohan, n. 48, toutes les demi-heures.

Choisy et Vitry, place Dauphine, n. 1, sept départs par jour; — Marché-Neuf, n. 52 et 54.

Clermont et Creil, faubourg Saint-Denis, n. 51.

Coulommiers, rue Jean-Pain-Mollet, n. 42.

Dammartin, rue Sainte-Apolline, n. 44 ; — rue Saint-Martin, n. 247.

Dreux et route, rue des Deux-Écus ; — rue des Fossés-Saint-Germain-l'Auxerrois, n. 26 ; — rue du Bouloi, n. 5.

Donnemarie, rue de la Verrerie, n. 85.

Écouen, faubourg Saint-Denis, n. 25.

Étampes, rue des Fossés-Saint-Germain-l'Auxerrois, n. 26.

Ermenonville, faubourg Saint-Denis, n. 25.

La Ferté-sous-Jouarre, rue Saint-Martin, n. 247.

La Ferté-Gaucher, rue Saint-Denis, n. 166 ; — rue Jean-Pain-Mollet, n. 42.

Fontainebleau et route, rue Croix-des-Petits-Champs, n. 42 ; — rue Dauphine, n. 26.

Fontenay-aux-Roses, Chatillon, rue Contrescarpe-Dauphine, n. 5 : huit départs par jour ; — passage Dauphine, n. 46.

Gonesse, Garges, faubourg Saint-Denis, n. 51.

Herblay, rue des Prouvaires, n. 43.

L'Isle-Adam, faubourg Saint-Denis, n. 51.

Joigny, rue des Nonaindières, n. 6 ; — rue Saint-Paul, n. 28.

Juilly et route, rue de Boudy, n. 56.

Louvres, carré Saint-Martin, tous les jours à 4 heures ; — impasse de la Planchette ; — rue Neuve-d'Orléans, n. 7 ; — faubourg Saint-Denis, n. 42 et 50.

Livry, rue du Petit-Musc, n. 49.

Longjumeau, Antoni, rue Contrescarpe-Dauphine, n. 5 : quatre départs par jour.

Luzarches, faubourg Saint-Denis, n. 25.

Melun, Montereau, rue des Nonaindières, n. 6 ; — rue Saint-Paul, n. 40.

Mortefontaine, rue Saint-Martin, n. 256 ; — même rue ; n. 247 ; — faubourg Saint-Denis, n. 51.

Montreuil, faubourg Saint-Denis, n. 25.

Montmorency, faubourg Saint-Denis, n. 54 ; — faubourg Saint-Denis, n. 25.

Montmorency et les environs, faubourg Saint-Denis, n. 42, 25 et 50 ; — rue de l'Échiquier, n. 45.

Meudon, place Dauphine, n. 4.

Meru, rue Saint-Martin, n. 247.

Meaux, Montmirail, rue Saint-Martin, n. 247.

Montargis, Nemours, rue Dauphine, n. 26.

Moisselles, rue Bourg-l'Abbé, n. 9.

Maisons-sur-Seine, carré Saint-Martin, impasse de la Planchette.

Montreuil-sous-Bois, rue Neuve-Samson, n. 2.

Pierrefite, faubourg Saint-Denis, 25.

Poissy, rue Saint-Thomas-du-Louvre, n. 56, tous les jours à 8 heures et demie ; — rue Montpensier, n. 2 et 4.

Pithiviers, rue des Fossés-Saint-Germain-l'Auxerrois, n. 26.

Pontoise et route, rue Montorgueil, n. 49 ; — rue des Prouvaires, n. 46, et rue Montmartre, n. 55.

Pantin, rue Saint-Martin, 283 : huit départs par jour.

Passy, rue de Valois-Batave, n. 8 : tous les quarts d'heure.

Palaiseau et Orsay, rue Saint Dominique-d'Enfer, n. 45.

Saint-Bricé, faubourg Saint-Denis, n. 25, et rue Montorgueil, n. 49.

Sens, rue des Nonaindières, n. 6; — rue Saint-Paul, n. 28.

Saint-Denis, faubourg Saint-Denis, n. 12 : toutes les demi-heures. — On trouve des voitures à volonté, porte Saint-Denis.

Sarcelle, faubourg Saint-Denis, n. 25.

Sceaux et environs, cul-de-sac Conti, n. 1 : six départs par jour. — On trouve des voitures à volonté, place Saint-Michel.

Savigny, place Dauphine, n. 1 et 3.

Saint-Cloud, rue Duphot, n. 8 *bis* : toutes les heures.

Saint-Germain et route, accélérées, rue de Rohan : tous les quarts d'heure.

Saint-Chéron, rue des Prouvaires, n. 16.

Stains, faubourg Saint-Denis, n. 51.

Sézanne, rue Jean-Pain-Mollet, n. 12.

Torcy, rue des Lions, n. 14.

Versailles, rue de Rivoli, n. 4 : toutes les 20 minutes ; — rue Saint-Nicaise, n. 1 : tous les quarts d'heure. — On trouve des voitures à volonté, place de la Concorde.

La Villette, rue Saint-Denis, n. 166, d'heure en heure.

Villeneuve-Saint-Georges et route, rue Geoffroy-Lasnier, n. 17.

Vincennes, Saint-Mandé et route, rue du Bouloy, n. 9, d'heure en heure. — On trouve des voitures à volonté, place de la Bastille.

FIN.

Imprimerie d'Ad. ÉVERAT et Comp., 14 et 16, rue du Cadran.

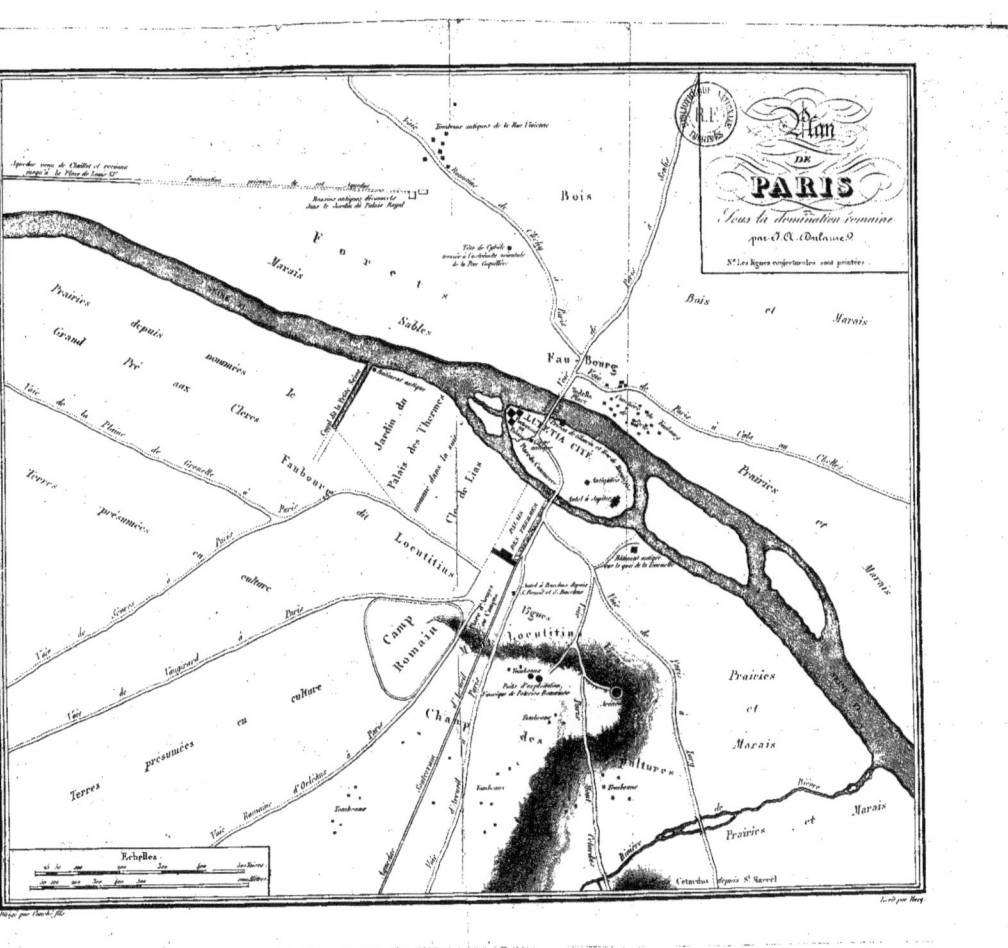

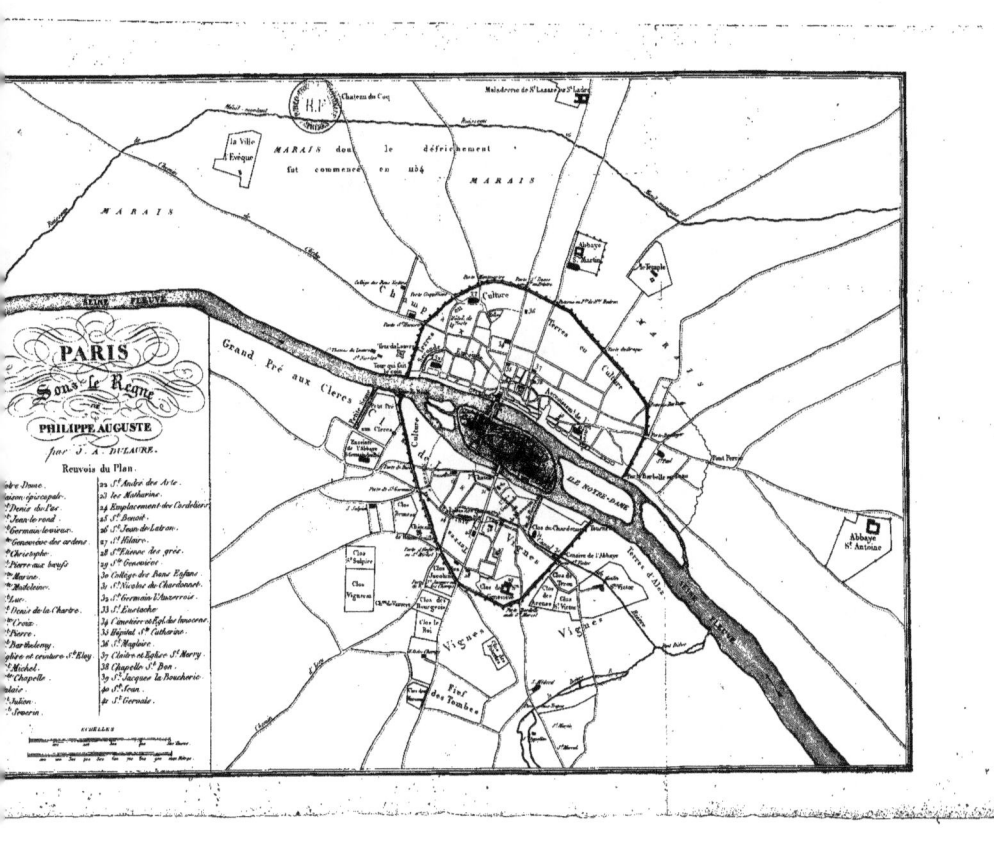

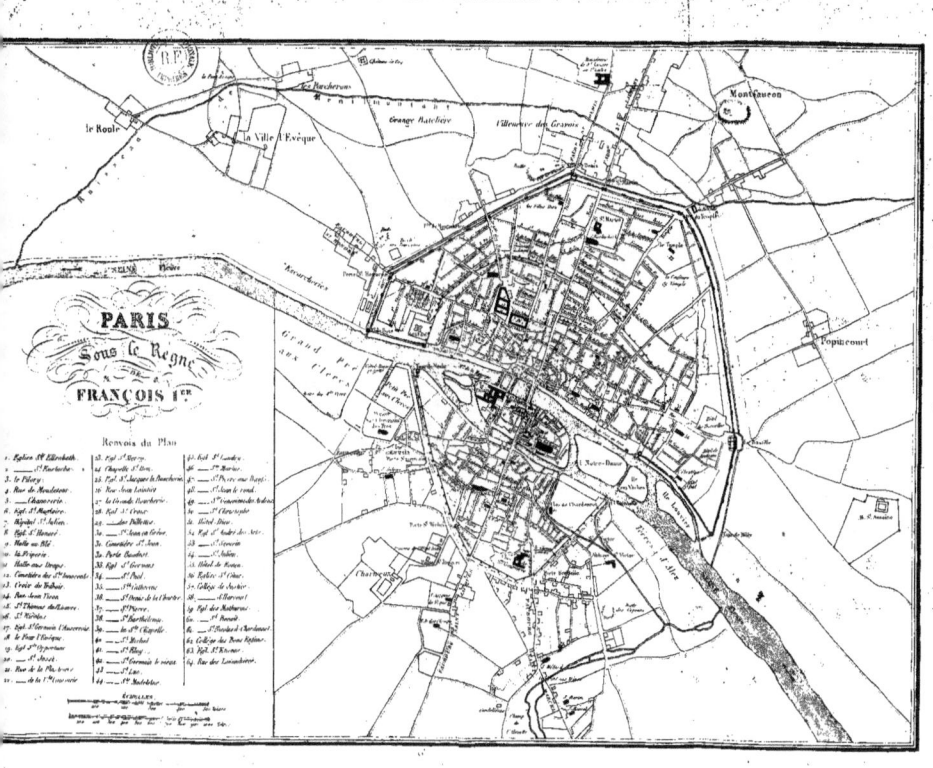

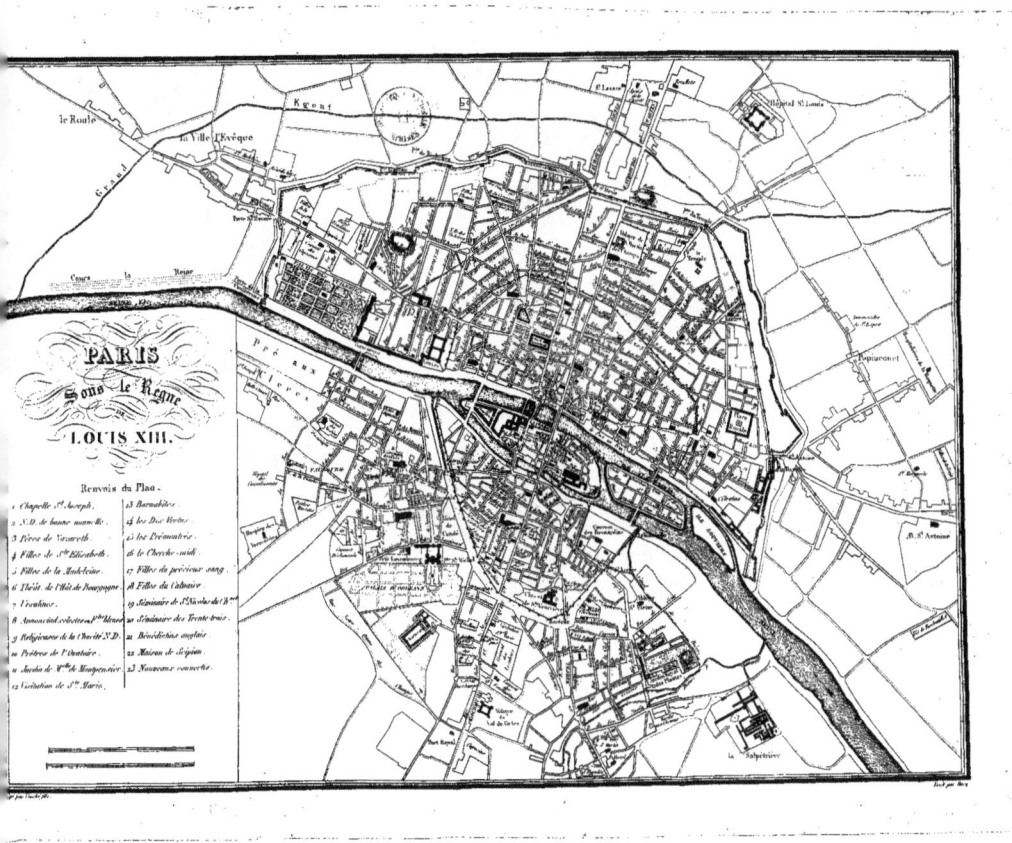

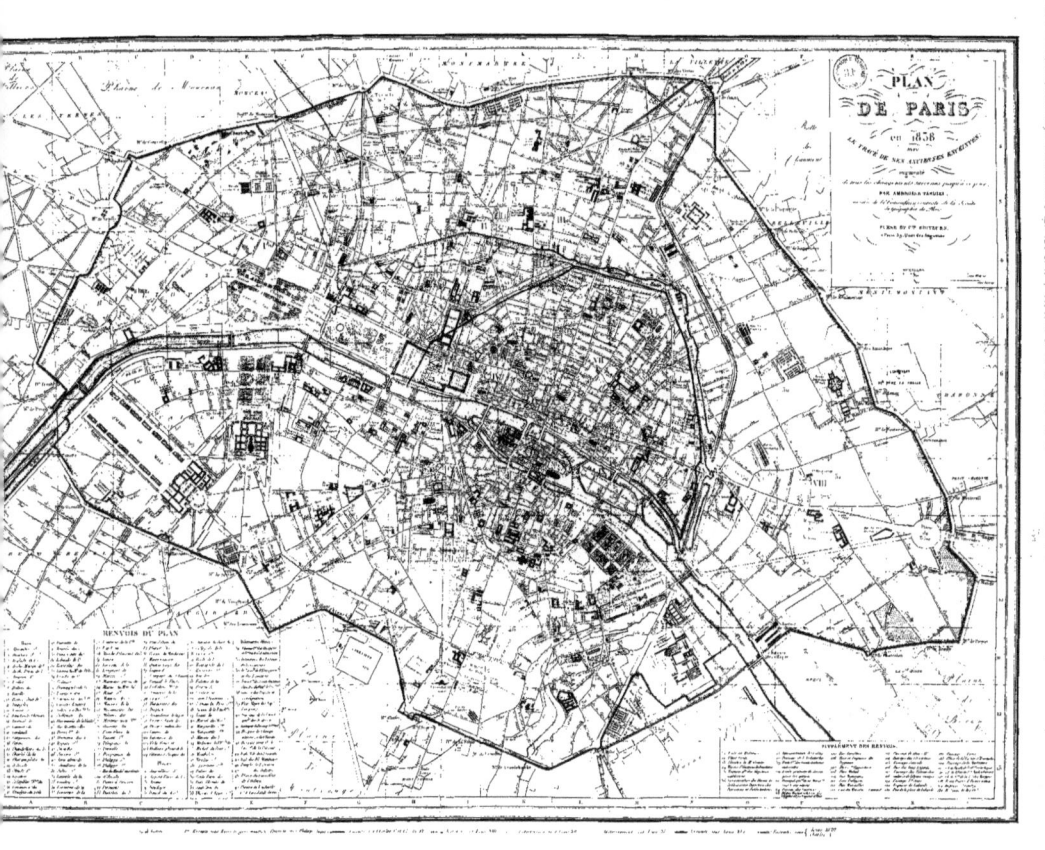

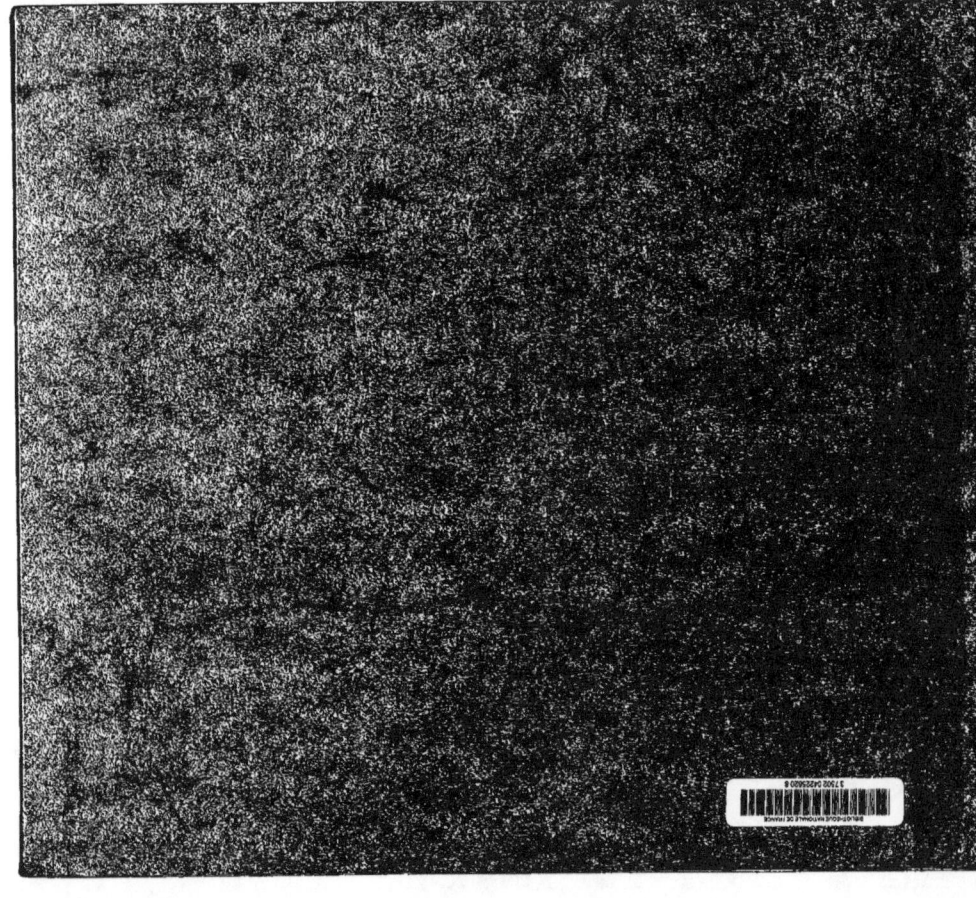

www.ingramcontent.com/pod-product-compliance
Lightning Source LLC
Chambersburg PA
CBHW070259100426
42743CB00011B/2273